Die Weine aus Baden

Vinoteca

Die Weine aus Baden

Rudolf Knoll

Vielfältig und großzügig

Dynamische Genossenschaften und private Erzeuger kultivieren über 50 verschiedene Weinsorten in Deutschlands Südwesten

Seite 8

Der Weg zum Wein Ihrer Wünsche

Was die badischen Gewächse so einzigartig macht und wie die Wahl nicht zur Qual wird

Seite 14

Die Vielfalt badischer Weine

Vom einfachen Gutedel zum gehaltvollen Grauburgunder und zum geschmeidigen, lagerfähigen Spätburgunder

Seite 30

INHALT

Die kulinarischen Hochzeiten

Von Leckereien aus Baden und den dazu passenden badischen Gewächsen

Seite 52

Die besten Erzeuger und ihre Weine

Ein Führer durch die Weinszene Badens, mit den besten Genossenschaften und privaten Betrieben

Seite 58

Gut einkaufen, klug einkellern, richtig servieren

Eine praktische Anleitung, wo Sie die Weine Ihrer Wünsche am besten einkaufen und wie Sie damit umgehen

Seite 72

Willkommen im symbadischen Ländle!

Die Region Baden steht für vieles. Sie gilt als Burgunderland, als Hochburg der Genossenschaften, als Gebiet mit hohem Qualitätsanspruch, als kulinarisches Kleinod, als gastfreundliche Landschaft, als wärmste Region Deutschlands mit mediterranen Eigenschaften. Das alles und noch viel mehr lässt sich hier finden und macht den besonderen Reiz aus.

Baden wurde immer bewundert ob seiner Geschlossenheit im Auftreten. Starke Genossenschaften und dynamische Eigenbaubetriebe ziehen am selben Strang. Den önologischen Wettstreit kennzeichnen Bodenständigkeit und Weltoffenheit, Tradition und Kreativität. Innovative Professionalität prägen Weinbau, Önologie und Marketing.

Eine Reihe von richtungsweisenden Qualitätsinitiativen, die mittlerweile den gesamten deutschen Weinbau erfasst haben, gingen von Baden aus. Erzeugersekt, Grauburgunder und Spätburgunder wurden entwickelt und verfeinert.

Baden gilt als Genießerland Nr. 1 in Deutschland. Dazu tragen die ideale Verbindung von einheimischen Speisen und Weinen, traditioneller Gastlichkeit und weltoffener Herzlichkeit bei.

Norbert Weber
Präsident des Deutschen Weinbauverbandes
und Winzer in Bischoffingen (Kaiserstuhl)

Vielfältig und großzügig

Das uralte Weinbaugebiet Baden lässt sich nicht, wie andere deutsche Regionen, auf einen Nenner bringen. Zu verschieden sind hier der Verhältnisse. Auf den unterschiedlichen Böden wächst eine Vielzahl klassischer Rebsorten. Sie werden von traditionsreichen, mächtigen Genossenschaften und privaten Weinbaubetrieben zu modernen Gewächsen gekeltert.

Badens Weinbaugeschichte reicht weit zurück. Erstmals werden bei Bötzingen am Kaiserstuhl im Jahr 670 Reben erwähnt. Früh beschäftigte man sich in Baden auch mit unlauteren Methoden der Weinbereitung. So fand im 15. Jahrhundert in Breisach ein Weinbaukongress statt, in dem hauptsächlich das Thema «Weinfälschung» behandelt wurde. 1495 erließ Markgraf Christoph I. die erste badische Weinverordnung. Auch der Reichstag zu Freiburg verabschiedete 1498 eine «Ordnung und Satzung über den Wein».

Täglich Wein – und das nicht zu knapp
Diese Maßnahmen zur Verbesserung machten den Wein zum Volksgetränk. Das wurde durch diverse Richtlinien zusätzlich gefördert. So empfahl eine «Wirtsordnung» von Baden-Durlach aus dem Jahr 1554, dass zu jedem Essen 1,5 bis 2,5 Liter badischer Wein gereicht werden. Und die Insassen im Überlinger Heilig-Geist-Spital hatten gar Anspruch auf täglich drei badische Maß Wein – das entsprach einer Menge von 4,5 Litern!
Gegen Ende des 18. Jahrhunderts gingen vom ersten Großherzog Karl Friedrich (1728 bis 1811) neue Impulse aus. Er verbot den Weinbau an Nordhängen und

Schon vor mehr als 1300 Jahren gab es in Baden Weinbau. Der Saft aus Trauben war frühzeitig Volksgetränk. Ein Markgraf machte sich um das Weingesetz verdient; ein Pfarrer war der Initiator für die Genossenschaftsbewegung.

in der Ebene. Noch nicht bestockte Südhänge ließ er mit Reben bepflanzen, die Durbacher Flur «Klingelberg» beispielsweise mit Riesling. Karl Friedrich begründete damit das größte zusammenhängende Riesling-Revier Badens; die Bezeichnung «Klingelberger» für Ortenauer Riesling hat bis heute Bestand. Außerdem bekam das Markgräflerland mit dem Gutedel seine Leitsorte.

Ein Pfarrer setzte auf Genossenschaften

Missernten in den Jahren 1879 und 1880 verschärften die ohnehin angespannte Lage der badischen Weinbauern. Am 20. Oktober 1881 lud in Hagnau am Bodensee der tatkräftige Pfarrer Heinrich Hansjakob («Das Wohl und Wehe der Leute hängt vom Weine ab») zu einer Versammlung ein. Zwei Wochen später gründeten 93 Weinbauern den Winzerverein Hagnau und damit die erste Genossenschaft in Baden. Ihre Zielsetzung war es, «den Weinbau zu heben und zu fördern, durch Erzeugung feiner, naturreiner Weine das Produkt höher zu verwerten und keinesfalls unter dem vorher festgesetzten Preis zu verkaufen.» Die neue Genossenschaft verpflichtete sich außerdem, unverkäuflichen Wein der Mitglieder gegen entsprechende Vergütung zu übernehmen.

Ein Weg mit vielen Hindernissen

Das Beispiel Hagnau machte in den Jahren und Jahrzehnten darauf reichlich Schule. Das Vorbild selbst geriet bald in die roten Zahlen, weil die Genossen-

Die 15 600 Hektar Rebfläche in Baden werden zu rund 75 Prozent von Genossenschaftsmitgliedern bewirtschaftet. Der Anteil der Selbstvermarkter steigt. Miteinander befindet man sich im gesunden Konkurrenzkampf.

GESCHICHTE

schaft zunächst vom Weinhandel boykottiert wurde. So ging der Geistliche und Genossenschaftsvorstand Hansjakob persönlich auf Verkaufstour, obwohl er 1884 von Hagnau zur Martinspfarrei in Freiburg abkommandiert worden war.

Es dauerte lange, bis das genossenschaftliche System überall in Baden zu greifen begann. Noch gut vierzig Jahre nach Hansjakobs letztlich erfolgreicher Initiative wurde ein großer Teil der Produktion als Fasswein verkauft und festgestellt, dass es den badischen Weinen an Ansehen mangelt und «die Kellerwirtschaft vielfach hinter der anderer Länder zurückgeblieben war».

Doch das änderte sich im Lauf der Zeit. Zwar gab es immer wieder Rückschläge; gelegentlich mussten sogar Vorstände mit ihrem gesamten privaten Besitz haften, damit es bei notleidenden Genossenschaften weitergehen konnte. In den fünfziger Jahren des 20. Jahrhunderts kam es zu einer zweiten Gründungswelle. Allein zwischen 1951 und 1954 wurden 23 Kooperativen aus der Taufe gehoben. In Efringen-Kirchen kam es 1952 zur Bildung der Bezirkskellerei Markgräflerland; in Breisach wurde im gleichen Jahr die Zentralkellerei Kaiserstühler Winzergenossenschaften gegründet, aus der zwei Jahre später eine Dachorganisation für Genossenschaften in ganz Baden wurde.

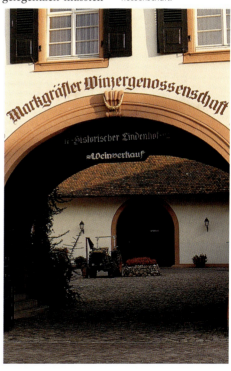

In den fünfziger Jahren dieses Jahrhunderts kam es zu einer zweiten Gründungswelle von Genossenschaften. Damals entstand auch die Markgräfler Winzergenossenschaft.

11

Junge Winzer wagen Sprung in Selbstständigkeit

Im Schatten der Genossenschaften hat sich der private Weinbau in den letzten Jahrzehnten positiv entwickelt und auf inzwischen rund 15 Prozent Flächenanteil zugenommen. Das sind bei rund 15 600 Hektar Ertragsrebfläche rund 2 300 Hektar. Zahlreiche junge Winzer wagten den Sprung in die Selbstständigkeit, während die Eltern noch Trauben an die Genossenschaft lieferten. Immer schon waren die Kooperativen kompromisslos. Teilablieferungen waren nicht gestattet – gewissermaßen ein Vermächtnis von Heinrich Hansjakob, der wusste: «Der Verein kann nicht existieren, wenn er nicht jedes Jahr sämtlichen Wein zur Verfügung hat.» Mit anderen Worten: Es war zu vermeiden, dass ein Weinbauer die bessere Ware auf eigene Rechnung veräußert und nur die «zweite Wahl» an die Genossenschaft liefert. Heute halten die «Genossen» einen Marktanteil von rund 75 Prozent; außerdem gibt es noch einige Erzeugergemeinschaften und private

Der private Weinbau hat in den letzten Jahrzehnten zugenommen. Vor allem junge Winzer wagten den Sprung in die Selbstständigkeit.

GESCHICHTE

Kellereien. Früher waren sich die Genossenschaften und Privaten nicht «grün». Die einen schimpften auf die großen Kellereien mit ihren angeblich uniformen Weinen, während man sich in den Kooperativen darüber ärgerte, dass die Weingüter von der intensiv betriebenen Werbung für «badischen Wein, von der Sonne verwöhnt» profitierten, obwohl das Geld dafür aus der Kasse der Genossenschaften stammte. Inzwischen ist eine Annäherung erfolgt. Sie gedieh zwar nicht so weit, dass nun miteinander geworben wird. Aber es gibt zumindest reichlich gemeinsame Auftritte auf Veranstaltungen, die dem badischen Wein insgesamt zu einem noch besseren Image verhelfen.

Seit 1986 existiert darüber hinaus ein regionaler Verein des Verbandes Deutscher Prädikats- und Qualitätsweingüter (VDP), der den ambitionierten Gütern in allen badischen Bereichen zu mehr Profil verhelfen soll, aber längst nicht alle Betriebe erfasst hat, die gute Weine machen.

Genossenschaften und Private treten heute oft bei Präsentationen gemeinsam für badischen Wein auf.

Der Weg zum Wein Ihrer Wünsche

Dieses Kapitel zeigt Schritt für Schritt, wie Sie sich den badischen Weinen annähern können, wie Sie bei der Wahl vorgehen und welche Krtiterien Sie beim Einkauf berücksichtigen sollten, damit sich Ihre Wünsche und Vorstellungen mit dem Wein Ihrer Wahl decken.

Wer etwas finden will, muss wissen, was er sucht. Das ist eine banale Weisheit – aber doch so treffend! Auf Wein bezogen heißt das: Lernen, was die Qualität ausmacht, seinen eigenen Geschmack ergründen, seine Vorlieben bestimmen und seine Bedürfnisse erkennen. Wer die Sache beim Kauf badischer Weine richtig angeht, wer sich den Überblick im Labyrinth des verworrenen Angebots verschafft, der wird kaum in die Irre gehen. Er wird für jeden Geschmack und jede Gelegenheit einen trefflichen Wein finden.

Was die Güte eines Weines bestimmt

Grundsätzlich sind es vier Faktoren, welche den Typ und die Güte eines Weines bestimmen:
1. die Rebsorte und deren Trauben
2. das Klima und der Boden, die in der Weinsprache mit dem Begriff «Terroir» bezeichnet werden
3. das Können von Winzer und Weinmacher
4. die Eigenheiten eines Jahrgangs.

Alles in allem aber ist es das Zusammenwirken dieser Elemente.

Die nebenstehenden Symbole werden Sie durch diesen Band und die ganze Buchreihe Vinoteca führen. Über die Qualität der Weine und Winzer informiert die Anzahl Sterne von ★ bis ★★★★★.

Die Summe der vier Faktoren ergibt die Weinqualität

Traubensorte

Terroir

Winzer

Jahrgang

Weinqualität

Vier Fragen leiten die Weinwahl

Um «Ihren» Wein zu finden, sollten Sie Ihre Wünsche und Erwartungen nach folgenden Kriterien prüfen:

- 🍷🍸 Welches sind meine Vorlieben? Rot oder weiß? Sanft oder herb? Leicht oder schwer? Subtil oder wuchtig?
- 🍾 Ist der Wein zum sofortigen Trinken oder zum Lagern bestimmt?
- 👄 Zu welcher Gelegenheit soll er passen? Zum einfachen, kalten Imbiss, zu alltäglichen Gerichten oder zum Festmahl?
- ❶-❺ Was ist mir das Vergnügen wert?

Mittels Ihrer Antworten und den entsprechenden Symbolen werden Sie zu den Weinen Ihrer Wünsche geleitet.

Vielfältige badische Weine

Wissen muß man: *Den* badischen Wein gibt es nicht. Das große Gebiet kennt nicht nur eine Vielzahl von Rebsorten unterschiedlichster Ausprägung. Es gibt für verschiedene Regionen bestimmte Spezialitäten.

Aber: Baden ist ein Weinland, in dem die herbe Geschmacksrichtung favorisiert wird und süßliche Weine weniger geschätzt werden. Allerdings gibt es in großen Kellereien und in vielen Privatbetrieben das «sowohl als auch», so dass alle auf ihre Rechnung kommen.

Eine Geschmacks- und Qualitätsorientierung ist seit 1949 das Badische Gütezeichen, verliehen vom Weinbauverband. Die trockene, herbe Variante hat die Farbe Gelb, alle anderen Weine haben ein weißes Gütezeichen. Leider wird die Vergabe von Auszeichnungen wie in anderen deutschen Anbaugebieten etwas zu großzügig gehandhabt.

Drei Beispiele badischer Weinvielfalt

Diese drei Flaschen repräsentieren die Bandbreite der badischen Weinproduktion. Ein einfacher, ehrlicher Wein kostet weniger als zehn Mark, ein Top-Weißwein ab 20 Mark, ein nobler Süßwein ab 40 Mark.

Beispiel eines Trinkweins: das kann ein einfacher, süffiger Gutedel sein.
Er passt zum Aperitif, zu einem kleinen Imbiss mit Käse und Wurst.
Mehr dazu: Seite 48.

❶ ab DM 7,– / € 3,50

Beispiel eines Lagerweins: das kann ein Grauburgunder aus einem hervorragenden Weinberg sein.
Er hat Struktur und ein gewisses Alterungspotential.
Mehr dazu: Seite 44.

❸ ab DM 20,– / € 10,–

Beispiel eines Süßweins: das kann eine Scheurebe aus einer Spitzenlage von einem bekannten Produzenten sein.
Es ist ein Wein, der durch Lagern an Finesse gewinnt.
Mehr dazu: Seite 26.

❺ ab DM 40,– / € 20,–

Badische Sorten – vorwiegend klassisch

Baden hält den klassischen Sorten die Treue. Im Bild: Riesling und Spätburgunder.

Man könnte glauben, dass badischen Wein eine enorme Vielfalt kennzeichnet, immerhin sind rund fünfzig verschiedene Sorten im Ländle zugelassen. Die meisten spielen jedoch bloß eine untergeordnete Rolle. Zum Teil stehen nur noch ein oder zwei Hektar von Varietäten wie Ehrenfelser, Juwel, Rabaner oder Tauberschwarz, eine uralte, fast ausgestorbene Rebe, im Ertrag. Einige haben regional eine gewisse Bedeutung, zum Beispiel der Muskateller am Kaiserstuhl und der Schwarzriesling (Müllerrebe) in den nördlicheren Gebieten.

Baden hält den klassischen Sorten die Treue. Die Kreuzung Müller-Thurgau kann dazugezählt werden. Sie entstand 1882 in Geisenheim (Rheingau). Zusammen mit dem Spätburgunder, Grauburgunder, Weißburgunder, Riesling und Gutedel bedeckt sie 90 Prozent der gesamten Fläche Badens.

Ein Sortenspiegel im Wandel

Die Sortenstruktur Badens hat sich in den letzten Jahrzehnten deutlich geändert. Vor 75 Jahren sah es noch gänzlich anders aus in den Weingärtens. In einem Lexikon wurde das «Vorherrschen geringwertiger Rebsorten» kritisiert. Da standen allein 4000 Hektar im «gemischten Satz», das heißt in einer Parzelle wuchsen oft wild zusammengewürfelt verschiedene Sorten. Vom Elbling, der Anfang der achtziger Jahre verboten wurde, gab es damals noch nahezu 3000 Hektar. Der anspruchslose Gutedel war in fast doppelter Größenordnung verbreitet (2300 Hektar), der scheinbar schon als wertvoll erkannte Riesling brachte es auf mehr als 1700 Hektar. Der Müller-Thurgau hieß damals noch Riesling x Silvaner und wurde vielfach missachtet. Heute nimmt er Platz eins ein, wird aber möglicherweise in den nächsten Jahren vom Spätburgunder überflügelt.

Rebsorten	Hektar	Zentrum	Bemerkung
Auxerrois	40	Kraichgau	rückläufige Tendenz
Bacchus	60	nördliches Baden	Neuzüchtung von (Silvaner x Riesling) x Müller-Thurgau
Chardonnay	70	Baden allgemein	war bis vor wenigen Jahren nicht zugelassen
Dunkelfelder	60	Baden allgemein	Pfälzer Züchtung mit unbekannten «Eltern», sehr farbkräftig
Freisamer	19	Baden allgemein	rückläufiger Anbau
Grauburgunder	1450	Baden allgemein	früher oft als Ruländer bezeichnet
Gutedel	1270	Markgräflerland	wurde als Chasselas 1780 vom Genfersee her eingeführt
Kerner	180	nördliche Gebiete	Neuzüchtung (Trollinger x Riesling)
Lemberger	15	Kraichgau und Badische Bergstraße	heißt in Österreich Blaufränkisch
Merzling	10	Baden allgemein	pilzresistente Züchtung für den Öko-Weinbau
Müller-Thurgau	4800	Baden allgemein	verbreitetste Sorte, sinkende Tendenz
Muskateller (Gelber)	40	Kaiserstuhl	duftet nach Muskat und Pistazien
Nobling	110	Markgräflerland	Neuzüchtung: Silvaner x Gutedel, dem Riesling ähnlich
Riesling	1400	Baden allgemein	besonders delikat aus Ortenau und Kaiserstuhl
Scheurebe	55	südliche Gebiete	Neuzüchtung durch Georg Scheu aus Silvaner x Riesling
Schwarzriesling (Müllerrebe)	160	nördliche Gebiete	wird als Pinot Meunier zur Champagnerherstellung verwendet
Silvaner	430	Baden allgemein	besonders stark am Kaiserstuhl
Spätburgunder	4300	Baden allgemein	am Kaiserstuhl und im Markgräflerland gibt es die besten Rotweine
Traminer (Gewürztraminer)	270	Baden allgemein	sehr gute Traminer gibt es am Kaiserstuhl und in der Ortenau
Weißburgunder	820	Baden allgemein	Tendenz steigend

Vielfalt auf 400 Kilometer

Höchst unterschiedliche Böden und variables Klima prägen die badischen Lagen. Im Bild: die im 17. Jahrhundert zerstörte Burg Staufen im Markgräflerland.

Baden ist mit seiner Ausdehnung über 400 Kilometer vom Tauberfranken im Norden bis zum Bodensee das längste Weinland Deutschlands. Daraus ergibt sich fast zwangsläufig, dass das für die Qualität des Weines wichtige Terroir – der Boden in Feinabstimmung mit dem Kleinklima – höchst unterschiedlich ist und sich nicht auf einen Nenner bringen lässt.

Im Süden begünstigen die Oberrheinische Tiefebene und der schützende Schwarzwald den Rebbau. Am Bodensee lässt der Föhn gelegentlich die Trauben richtiggehend «kochen». Weiter im Norden hält der Odenwald kalte Winde ab. Die Bodenzusammensetzung ist sehr unterschiedlich. Am Bodensee herrscht warmer Moränenschotter vor. Auf ihm wachsen nicht zu schwere, manchmal recht säurebetonte, erdige Weine. Im Kraichgau, an der Badischen Bergstraße und in Tauberfranken prägen Muschelkalk und Keuper die mittelgewichtigen, bevorzugt herben, leicht mineralischen Weine.

Sehr differenziert gibt sich die Ortenau. Zum Teil stehen die Reben auf Löß oder auf Rotliegendem, hauptsächlich aber auf Gneis. In den Steillagen bekommt hier der Riesling viel Würze und der Spätburgunder eine ausgeprägte Frucht. Das ausgeprägteste Terroir-Profil haben die Weine des Kaiserstuhls. Mächtiger Löß auf vulkanischem Boden, der die Wärme enorm speichert, trägt zu schweren, wuchtig-feurigen, aber durchaus eleganten Gewächsen bei. Den Wert des Vulkanbodens erkannte man erst so richtig im frühen 19. Jahrhundert, als der Wundarzt Lydtin bei Ihringen Reben auf dem dunklen Doleritboden setzte, die hervorragend gediehen.

Das ausgeprägteste Terroir-Profil haben die Weine des Kaiserstuhls. Mächtiger Löß auf vulkanischem Boden, der die Wärme speichert, trägt zu wuchtig-feurigen und zugleich eleganten Gewächsen bei.

Umweltschonung genießt Vorrang

Sowohl die «Genossen» als auch die privaten Winzer haben die Weinqualität in den letzten Jahrzehnten teilweise beachtlich gesteigert. So bleiben die Badener bei einer Revue der besten deutschen Genossenschaften mehr oder weniger unter sich. Einige der Güter vom Kaiserstuhl und der Ortenau gehören sogar zur absoluten deutschen Spitze.

Diese Leistungssteigerung ist deshalb besonders bemerkenswert, weil den meisten Betrieben im Vergleich, zum Beispiel mit dem Rheingau oder Mosel-Saar-Ruwer, die Toplagen fehlen. Der Ihringer Winklerberg, der Achkarrer Schlossberg (Kaiserstuhl) sowie die steilen Fluren des Neuweierer Mauerberg und der Plauelrain und Kochberg von Durbach (alle Ortenau) gehören zu den wenigen Ausnahmen. Zum Vorteil für den Rebbau gerieten die umfangreichen Flurberei-

Rund 30 000 Weinbauern zählt man in Baden. Der größte Teil davon sind Genossenschaftsmitglieder. 120 Kooperativen verarbeiten rund 75 Prozent der badischen Produktion.

REBBAU

nigungsmaßnahmen, die nach dem Zweiten Weltkrieg durchgeführt wurden. Sie trugen zwar nicht überall zu einer optischen Verbesserung der Landschaft bei (am Kaiserstuhl wirken viele Rebberge wie Reisanbaufelder), aber sie sorgten doch für eine deutliche Arbeitserleichterung.

Viele Flächen können maschinell bewirtschaftet werden. Die bevorzugte Erziehung im Drahtrahmen sorgt für ein gutes Wachstum der Stöcke. Sehr ausgeprägt ist in ganz Baden der umweltschonende Weinbau nach festgelegten Kriterien. Gedüngt wird nur nach exakt gemessenem Bedarf. Die Anzahl der Spritzungen wurde deutlich reduziert. Viele Weinberge sind begrünt. Das führte in trockenen Jahren schon zu einem gewissen «Rebenstress». Manche Weine bekamen dadurch einen frühzeitigen Alterungston im Aroma. Als das erkannt wurde, ging man dazu über, die Begrünung zu reduzieren.

Die meisten Rebstöcke wachsen in Drahtanlagen.

Für die Herstellung von Spitzenwein ist die Handlese unabdingbar.

Sortenreiner Ausbau ist die Regel

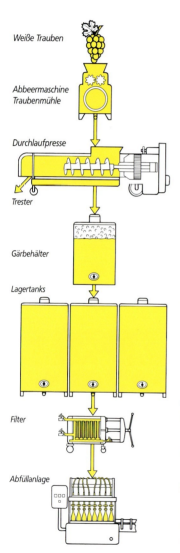

Weiße Trauben

Abbeermaschine
Traubenmühle

Durchlaufpresse

Trester

Gärbehälter

Lagertanks

Filter

Abfüllanlage

Rund 70 Prozent des badischen Weines ist Weißwein. Dessen Erzeugung ist vom Prinzip her eine einfache Sache: Man presst weiße Trauben, der Saft wird vergoren. Aber im Detail gibt es zahlreiche Varianten beim Ausbau, die den Geschmack verändern oder verbessern. Normalerweise werden die Trauben in einer *Traubenmühle* zur Maische gequetscht und dabei durch eine *Abbeermaschine* zugleich entrappt, also von den Stielen («Rappen») befreit, da diese unerwünschte Bitterstoffe freisetzen können. In den letzten Jahren wird in der modernen Kellerwirtschaft vermehrt mit Ganztraubenpressung gearbeitet. Das soll die Aromen im Wein besser erhalten.

Schonend keltern

Bei der Kelterung in der *Durchlaufpresse* gibt es verschiedene Techniken. Besonders qualitätsbewusste Betriebe verwenden von selbst ablaufenden *Vorlaufmost* für spezielle, wertvollere Weine. Normal ist eine Mostausbeute von maximal 70 Prozent des Lesegewichts.

Der frische Most ist sehr trüb und enthält noch eine Reihe von Bestandteilen aus den Beeren. Bevor die Vergärung eingeleitet wird, ist es sinnvoll, diese so genannten Trubstoffe zu entfernen.

Anschließend kann bei dem nun weitgehend blanken, hellen Most im *Gärbehälter* die Vergärung in die Wege geleitet werden. Vorher muss entschieden werden, ob eine Anreicherung (Aufzuckerung) erforderlich ist. Dann

Ob Lagerung und Reifung im Stahltank oder Fass ist eine Frage der Stilistik.

können die entweder natürlich vorhandenen, vom Weinberg «mitgelieferten» Hefen oder die zugesetzten Reinzuchthefen ihre Arbeit beginnen.

Nach der Vergärung pumpt der Kellermeister die Weine in *Lagertanks*. Wenn der richtige Zeitpunkt gekommen ist, werden sie nach einer *Filtration* in der *Abfüllanlage* auf die Flaschen gezogen.

Die meisten badischen Gewächse werden sortenrein in Stahltanks oder Holzfässern gelagert und abgefüllt.

Bevor der Wein auf die Flasche gezogen wird, muss er filtriert werden. Dadurch wird er stabilisiert.

Das badische Weinrecht

In Baden gilt, wie überall in Deutschland seit dem Weingesetz von 1971, das Prinzip der «Qualität im Glase». Sprich: jeder Wein, der eine «amtliche Prüfnummer» (A. P. Nr.) trägt, wurde vorher analytisch und sensorisch geprüft. Damit wird ihm lediglich attestiert, dass er frei von deutlichen Fehlern ist. Die Qualität selbst steht bei dieser Kontrolle nicht auf dem Prüfstand.

Wichtig für die Einreihung der Weine in die verschiedenen Qualitätskategorien sind zwei Dinge:

- das Mindestmostgewicht; es wird ausgewiesen in Grad Öchsle. Ermittelt wird dabei der natürliche Zuckergehalt des Mostes
- die Anreicherung des Mostes oder der Verzicht darauf. Nur nicht angereicherte (chaptalisierte) Weine können als Prädikatsweine deklariert werden. Voraussetzung: ihr Mindestmostgewicht stimmt.

Die Gebietsweinprämierung wird in Baden vom Badischen Weinbauverband durchgeführt. Die besten Qualitäten erhalten eine goldene Medaille. Noch eine Stufe höher stehen die Weine «Baden Selection», ein Gütezeichen für badische Spitzenweine.

Anforderungen an die badischen Weine:

Wein-Typ	Mindest-Öchsle	Abverkauf	Bemerkungen
Tafelwein	50°	sofort	fällt nur selten an
Landwein	55°	sofort	fällt nur selten an
Qualitätswein	63°–72° je nach Sorte und Bereich	sofort	Die höchste Anforderung wird an den Traminer gestellt
Kabinett	76°–85° je nach Sorte und Bereich	ab 1. März	Das Soll 85 Grad Öchsle müssen Traminer und Spätburgunder erfüllen
Spätlese	85°–96° je nach Sorte und Bereich	ab 1. März	Der Spätburgunder muss in fast allen Bereichen 95 Grad Öchsle bringen
Auslese	98°–105° je nach Sorte und Bereich	ab 1. März	Für den Riesling, der seine Feinheiten durch Leichtigkeit entfaltet, genügen 98 Grad Öchsle
Beerenauslese/ Eiswein	124°–128° je nach Bereich	ab 1. März	Die Anforderungen am Bodensee und in Tauberfranken sind hier geringer
Trockenbeerenauslese	150°–154° je nach Bereich	ab 1. März	Am Bodensee und in Tauberfranken genügen 150 Grad Öchsle

Die generelle Ertragsbegrenzung beläuft sich, unabhängig von der Qualitätsstufe, auf 90 hl/ha. Bei «Baden Selection» sind es 60 hl/ha.

WEINRECHT

Weinetiketten sagen viel – aber nicht alles.

Für das Weinetikett gibt es verbindliche Vorschriften bis hin zur exakten Schriftgröße verschiedener Angaben. Wird eine Sorte oder ein Jahrgang aufgeführt, muss der Inhalt mindestens zu 85 Prozent den Angaben entsprechen.

Folgende Angaben sind Pflicht:

❶ Bezeichnung des Anbaugebietes
❷ Angabe der Lage
❸ Name des Erzeugers
❹ Rebsorte
❺ Qualitätsstufe entsprechend Mindestmostgewicht (s. S. 26)
❻ Inhalt der Flasche
❼ Hinweis auf den Erzeuger. Möglich wäre bei Gütern, die Trauben aus eigenen Flächen vermarkten, die Begriffe Gutsabfüllung und Erzeugerabfüllung. Genossenschaften firmieren unter Erzeugerabfüllung. Bei zugekaufter Ware muss es heißen: Abfüller
❽ Amtliche Prüfnummer.
❾ Alkoholgehalt
❿ Jahrgang
● Geschmacksangabe (fehlt sie, handelt es sich um einen lieblichen Wein)
● Das badische Prämierungszeichen
● Sonderpreis «Extra» bei der Bundesweinprämierung für besonders hochwertigen Wein (hier angebracht).

Von guten und «schlechten» Jahren

Weine sind Produkte der Natur – und diese hat ihre Launen. Die Witterungsverhältnisse sind von Jahr zu Jahr verschieden und die Trauben reifen unterschiedlich aus. Zwar gibt es in Qualitäts-Anbaugebieten dank dem Fortschritt im Weinbau und in der Kellertechnik selbst in so genannten schlechten Jahren kaum mehr schlechte Weine. Aber sehr unterschiedliche.

In feuchten Jahren sind die Beeren oft von Fäulnis befallen und sollten ausgesondert werden. In Jahren mit weniger Sonne erzeugen die Trauben weniger Zucker. Die Weine enthalten mehr Säure, dafür weniger Alkohol und Extraktstoffe. Dafür sind sie leichter, rassiger und vor allem früher trinkreif.

Die optimale Trinkreife ist denn auch das wichtigste Kriterium für den Weingenuss. Wichtiger jedenfalls als die Klassifikation eines Jahrgangs, welche ja nur die klimatischen Verhältnisse des Jahres berücksichtigt. Einen stoffigen Spätburgunder 1996 oder eine Trockenbeerenauslese 1990 bereits jetzt schon zu entkorken, kann zwar durchaus ein Genuss sein. Solche Weine schmecken aber in ein paar Jahren noch viel besser...

Die optimale Trinkreife ist das wichtigste Kriterium für den Trinkgenuss.

JAHRGÄNGE

Die Weinreife-Tabelle für höchsten Weingenuss:

Jahr	Kabinett-/ QbA-Weine	Spätlese	Auslese	Beerenauslese Eisweine
1998	→	→	→	→
1997	↗	→	→	→
1996	↗	→	→	→
1995	↗	↗	→	→
1994	★	→	→	→
1993	★	★	→	→
1992	↘	★	★	→
1991	↘	↘	↘	↗
1990	★	★	★	↗
1989	↘	↗	★	★
1988	↘	↘	★	★
1987	↘	↘	↘	★
1986	↘	↘	↘	★
1985	↘	↘	★	★
1984	○	○	○	○
1983	↘	↘	★	★

Zur Qualität der Jahrgänge:
- = hervorragend
- = gut
- = mäßig

Legende:
- → noch sehr jung, reifen lassen
- ↗ am Anfang der Trinkreife, kann noch besser werden
- ★ auf dem Höhepunkt, trinken
- ↘ Zenit überschritten, austrinken
- ○ verpasst, wäre besser schon getrunken

Sehr gute Qualitäten früherer Jahrgänge:
1988, 1985, 1976, 1975, 1971, 1967, 1959, 1953, 1949, 1947, 1945

Die badischen Weinjahre ab 1990
Weine dieser Jahrgänge sind teilweise noch bei Gütern und im Handel erhältlich

1998 Gute, kaum mehr erwartete Qualität nach schwieriger Ernte. Menge durchschnittlich. Zum Finale noch reichlich Eiswein.

1997 Teilweise sehr gute Qualität und zufrieden stellende Mengen. Top-Jahrgang für Rotweine, noch nie gab es so feine Burgunder in dieser Zahl.

1996 Teilweise hervorragende Weine, aber sehr niedrige Erträge. Reichlich Eiswein.

1995 Launischer Herbst, der zu einer Mengenreduzierung beitrug. Qualität jedoch sehr erfreulich.

1994 Gutes Ergebnis in Menge und Qualität für jene Produzenten, die Geduld hatten und im Herbst warten konnten.

1993 Großartiges Weinjahr, in dem relativ früh gelesen werden musste (teilweise schon Mitte September).

1992 Recht hohe Erträge im Schnitt; viel Prädikatsweine mit guter Säurestruktur bei den Spitzenbetrieben.

1991 Recht stattliche Menge, Qualität eher mittelmäßig.

1990 Wohl ein Jahrhundert-Jahrgang mit großartigen Weinen, darunter auch viele edelsüße lang haltbare Gewächse.

Die Vielfalt badischer Weine

Baden zeichnet sich durch eine Vielzahl sortenreiner Gewächse aus. Klassische Sorten wie Riesling, Weiß-, Grau- und Spätburgunder wachsen in unterschiedlichem Klima und auf verschiedenen Böden. Entsprechend nuanciert fallen die Weine aus.

Mit einer einfachen Symbolik weist die Vinoteca den Weg zum Wein, den Sie suchen. Stellen Sie die vier Fragen gemäß Seite 16. Die einzelnen Symbole mit den Beschreibungen geben die Antworten. Die Sterne für die Qualität werden aufgrund der entscheidenden Faktoren, Traubensorte, Terroir, Klima und Winzer, vergeben.

Die Vinoteca-Symbole zur Weinbeurteilung

Die Qualität	
★	für einen guten Alltagswein
★★	für einen feinen Sonntagswein
★★★	für einen prächtigen Festtagswein
★★★★	für einen grandiosen Paradewein
★★★★★	für einen absoluten Weltklasse-Wein

Qualität

Der Weintyp / Geschmack	
♥	Rotwein
♀	Rosé
♀	Weißwein

Weintyp / Geschmack

◠ Die idealen Gerichte zu diesem Wein

Speise-Empfehlung

Die Lagerfähigkeit	
▌	Trinkwein
▬	Lagerwein (Angaben in Jahren nach Ernte)

Lagerfähigkeit

Die Preiskategorien (1–5)	
❶	unter DM 10,– / € 5,–
❷	DM 10,– bis 20,– / € 5,– bis 10,–
❸	DM 21,– bis 30,– / € 10,– bis 15,–
❹	DM 31,– bis 50,– / € 15,– bis 25,–
❺	über DM 50,– / € 25,–

Preiskategorie

Die Top Ten der badischen Weine

In Badens Rebbergen herrscht große Sortenvielfalt. Trotzdem gibt es einige Schwerpunkte. Im nördlichsten Anbaugebiet Tauberfranken dominiert der weiße Müller-Thurgau und in der wärmsten Region, dem Kaiserstuhl, der Grauburgunder. Der Gutedel ist ausschließlich im Markgräflerland verbreitet. Auf den folgenden Seiten stellen wir Ihnen die wichtigsten Anbaugebiete von Norden nach Süden vor.

Müller-Thurgau
- aromatischer, trockener oder lieblicher Weißwein
- der klassische Aperitifwein
- schmeckt am besten jung
- günstig, da überall erhältlich

Silvaner
- feinfruchtiger und zarter Weißer
- der Klassiker zu Spargel
- die besten bis 3 Jahre lagerfähig
- Top-Produkte auch teurer

Riesling
- fruchtiger, subtiler Wein mit markanter Säure
- passt zu Fisch und Meeresfrüchten
- bessere Qualitäten sind lagerfähig
- in allen Preisklassen erhältlich

Gutedel
- süffiger, recht neutraler Weißwein
- zum Aperitif, zu Wurst und Käse
- schmeckt jung am besten
- preiswerte Tropfen

Weißburgunder
- rassige Alternative zum Grauburgunder
- Fisch, weißes Fleisch, Geflügel
- gewinnt in Ausnahmefällen durch Reifung
- gutes Preis-Wert-Verhältnis

Grauburgunder
- trockener, kräftiger Weißwein (Synonym Ruländer: schwer lieblich)
- harmoniert je nach Stil zu Geflügel oder Gänseleber
- 2–10 Jahre lagerfähig
- in allen Preisklassen erhältlich

Kerner
- frischer, rassiger und kerniger Wein
- zum Imbiss, zu reifem Käse
- 1 bis 2 Jahre
- gutes Preis-Wert-Verhältnis

Gewürztraminer
- hocharomatischer, facettenreicher Wein
- passt zu Entenleber, pikantem Käse, Dessert
- bis zu 10 Jahren
- süße Auslesen bedeutend teurer

Spätburgunder
- reichhaltig und fruchtig im Aroma
- schmeckt zu Rind, Geflügel und Wild
- kann sich durch die Lagerung verfeinern
- beste Qualitäten kosten bedeutend mehr

Schwarzriesling
- fruchtiger, beeriger Rotwein
- zu Wurst und Käse
- schmeckt jung und frisch am besten
- meist einfacher Tischwein

Einzellagen gelten mehr

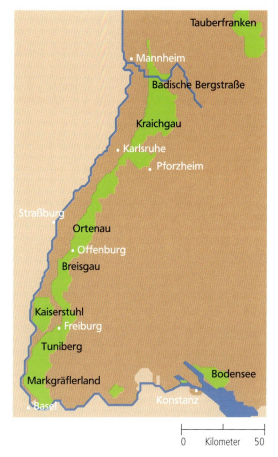

Das Weinland Baden gliedert sich in neun Bereiche. Tauberfranken ist der nördlichste, der Bodensee der südlichste. Bekannt sind 16 Großlagen und 306 Einzellagen. Sie werden auf dem Etikett erwähnt. Gewächse aus Einzellagen (unten) werden von Kennern gegenüber weitgefassten Herkunftsbezeichnungen (ganz unten) bevorzugt.

BADEN

Tauberfranken: Erdig wie Franken

Bis 1992 hieß dieser Bereich im Taubertal Badisches Frankenland; er liegt in der Tat Franken näher als die meisten badischen Regionen dem Taubertal; selbst Flächen von Wertheim am Main gehören zu Tauberfranken; die hier erzeugten Weine können auch in Bocksbeutel gefüllt werden und ähneln in ihrer erdigen Art den bayerischen Frankenweinen.

Die Rebfläche umfasst 690 Hektar. Vorherrschend ist der Müller-Thurgau. Einen guten Ruf genießt auch der Schwarzriesling auf den Fluren von Beckstein. Eine uralte Sorte ist Tauberschwarz, der heute wieder auf einigen Hektar einfachere, würzige Rotweine liefert. Die Sorte, einst auch als Blauer Hängling bekannt, wuchs immer schon in dieser Gegend. Sie hatte früher mehr Verbreitung. Aber da spielte das Taubertal im badischen Reigen auch nicht die bescheidene Rolle

Bei der Handlese packt die ganze Familie an.

wie heute. Vor fast 200 Jahren umfaßte die Rebfläche auf badischen Gemarkungen fast 6 800 Hektar!

Verschiedene Gründe führen zum Rückgang

Schuld an dem drastischen Rückgang hatte unter anderem Napoleon, der für eine Neugliederung von Grenzen sorgte und damit Zollschranken für den Tauberwein schuf. Damit verlor das Gebiet traditionelle Abnehmer.

Ein Problem, das den Weinbauern oft zu schaffen macht, sind extreme Winter- und Maifröste, obwohl sich der Rebbau auf sonnenbegünstigte, warme Hänge mit viel Muschelkalk im Boden zurückgezogen hat. Letztlich entscheidend für die heute vergleichsweise bescheidene Ausdehnung des tauberfränkischen Weinbaus war indes die «Invasion» von Schädlingen und Rebkrankheiten inklusive der Reblaus. 1915 gab es deshalb im Taubertal nur mehr 176 Hektar.

Die Genossenschaften von Beckstein (Lauda-Königshofen (s. S. 69) und Wertheim-Reicholzheim haben heute absolute Dominanz. Gemeinsam mit einigen Privatbetrieben zeigen sie Ambitionen, um einem alten Vers gerecht zu werden, der Clemens von Brentano (1778 bis 1842) zugeschrieben wird: «Tauber heiß ich, Reben schwing ich, trunken in dem Taubergrund und den Kindern Trauben bring ich, um die Hälse golden bunt.»

Die Weinkultur zeigt sich auch im Kunsthandwerk. Sonne und Wein gehören zusammen.

Wein-Typ	★	🍷[1]	🍽[2]	🍴	❶
Müller-Thurgau	★−★★★	aromatisch, süffig	Spargel, Teigwaren, exotische Gerichte	1–2	❶–❷
Kerner	★−★★	blumig, würzig	Bries, panierte Gerichte	1–5	❶–❷
Schwarzriesling	★−★★★	pikant, saftig, feinherb	Leber, Lamm, gebratener Fisch	2–8	❶–❷

[1] Trinkreife Jahrgänge: Seite 29; [2] ideale Speisen zum Wein: Seite 56

BADEN

Badische Bergstraße: Klein, aber durchaus fein

Der kleinste der neun Bereiche spaltete sich vor einigen Jahren vom Kraichgau ab. Burgen und die malerische Stadt Heidelberg prägen die Landschaft. Knapp 390 Hektar sind in der Region südlich von Heidelberg bis Wiesloch vorwiegend mit Riesling und Silvaner bestockt. Durch gute Rotweine wurde der Weinort Leimen in den letzten Jahren bekannt.

Eine früher nicht unbedeutende Weinstadt war Heidelberg. Schon im 8. Jahrhundert standen hier Reben. 90 Hektar gab es noch vor gut hundert Jahren; klei-

Wer delikate Süßweine keltern will, geht ein großes Risiko ein. Umso größer ist die Freude am Nektar.

nere Relikte innerhalb der Gemarkungen der Stadt sind übriggeblieben. Und die Geschichte von der Rekordwut einstiger Fürsten im Zusammenhang mit dem berühmten «Heidelberger Fass». Das erste wurde zwischen 1589 und 1591 gebaut und fasste 130 000 Liter. Nachdem dieses Fass zerstört war, musste es beim nächsten Mal anno 1664 schon ein größeres mit 200 000 Litern sein. Unter Karl Theodor entstand dann 1750 das dritte Heidelberger Fass mit 230 000 Litern. Es blieb erhalten und befindet sich im Fasskeller des Heidelberger Schlosses.

Die bekannteste Lage ist der Heidelberger Herrenberg, der sich auch auf Leimener Gemarkungen erstreckt.

An der Badischen Bergstraße wachsen die Reben in sanften Hanglagen.

Klimatisch bevorzugtes Anbaugebiet

An der Badischen Bergstraße wachsen die Reben auf sanften Hanglagen. Das Gebiet gehört zu den klimatisch bevorzugten Zonen Deutschlands. Der vorherrschende Urgesteinsverwitterungsboden ist ein guter Wärmespeicher. Neben den schon erwähnten Riesling und Silvaner haben auch Müller-Thurgau, Ruländer und Weißburgunder eine gewisse Bedeutung. Dass Boden und Klima günstig für rote Sorten sind, hat vor allem der Leimener Winzer Thomas Seeger bewiesen, der seit Jahren mit Spätburgunder, Portugieser und dem hier raren Lemberger Furore macht (s. S. 69).

Wein-Typ	★	🍷[1]	🥄[2]	🍴	❶
Riesling	★–★★★★	fruchtig, rassig	Meeresfrüchte, Salate, Vesper	2–10	❷–❸
Silvaner	★–★★	erdig, neutral, betont herb	Spargel, Bries, panierte Champignons	1–4	❶–❷
Spätburgunder	★–★★★★★	feinherb, verhaltene Frucht	Rinderbraten, Lamm	1–5	❷–❸

[1] Trinkreife Jahrgänge: Seite 29; [2] ideale Speisen zum Wein: Seite 56

Kraichgau: Rote Vielfalt

Im sanften, abwechslungsreichen Hügelland zwischen Schwarzwald und Odenwald und zwischen Karlsruhe und Wiesloch bildet Bruchsal mit seinem Barockschloss und guten Weingärten in der Umgebung den Mittelpunkt. Auf 1 340 Hektar ist die Sortenvielfalt recht groß. Riesling, Müller-Thurgau, Grauburgunder und Auxerrois liefern die Weißweine. Erstaunlich ist die hohe Zahl von Rotweinsorten mit Spätburgunder, Schwarzriesling, Lemberger, Portugieser und dem St. Laurent, der langsam wiederentdeckt wird.

Der Kraichgauer Wein hat sich in den letzten Jahren ein gewisses Profil erkämpft. Die Trennung von der Bergstraße hat ihm dabei nicht geschadet. Es ist noch nicht sehr lange her, da hatte der Wein aus dieser Gegend einen weniger guten Ruf: In den zwanziger

Die roten Sorten vermögen sich in den Weinbergen des Kraichgau gut zu behaupten.

Jahren wurden auf rund 900 Hektar Hybriden angebaut. Das sind Kreuzungen von amerikanischen mit europäischen Rebgattungen, die einst das Reblausproblem beseitigen sollten. Aber die ersten Generationen dieser Kreuzungen galten in der Weinwelt bald als «Bastarde», weil sie minderwertige Qualität mit einem eigenwilligen Geruch (wie nasses Hundefell) lieferten.

Ehrgeizige Winzer setzen neue Akzente

Solche Stöcke gibt es schon seit Jahrzehnten nicht mehr. Die Kraichgauer wurden zunächst aus diesem Fehler nicht schlau. Als in den fünfziger und sechziger Jahren viele Flächen neu angelegt wurden, pflanzte man vor allem den ertragreichen Müller-Thurgau. Die Weinberatung gab den Bauern entsprechende Empfehlungen. Wer stattdessen wertvolle, aber weniger ergiebige Sorten setzen wollte, bekam keine Zuschüsse. Das hat sich geändert, seitdem im Kraichgau die Zahl der ehrgeizigen Produzenten zugenommen hat. Ihr Wortführer ist dabei zweifellos Rüdiger Reichsgraf von Hoensbroech aus Angelbachtal-Michelfeld, der als Vorsitzender des regionalen Verbandes deutscher Prädikats- und Qualitätsweingüter (VDP) selbst mit gutem Beispiel vorangeht und vor allem mit Weißburgunder Akzente setzt (s. S. 63).

Die Winzer freuen sich, dass ihre Gewächse mehr und mehr auf Anerkennung stossen.

Wein-Typ	★	🍷[1]	🍽[2]	🗓	❶
Müller-Thurgau	★–★★	leichtgewichtig, süffig	Meeresfrüchte, Vorspeisen, Nudelgerichte	1–3	❶
Auxerrois	★★–★★★	zartgliedrig, feinwürzig	Fischgerichte	1–5	❷
Spätburgunder	★–★★★	herb, feine Bitternote	Gans, Lamm, Pilzgerichte	3–10	❷–❸
Lemberger	★–★★	kräftig, würzig	Rinderbraten, Leber, Nierle	2–6	❷

[1] Trinkreife Jahrgänge: Seite 29; [2] ideale Speisen zum Wein: Seite 56

Ortenau: Klingelberger und Clevner

Das Gebiet zwischen Rastatt und Offenburg im Süden von Karlsruhe gehört in Teilen zu den schönsten und aufregendsten deutschen Weinlandschaften. Durbach mit seinen steilen Rebhängen und dem romantischen Fachwerk beispielsweise ist ein faszinierendes, malerisches Weinörtchen. Die Winzer hier befassen sich auch vielfach mit der Produktion von Obstbränden (Kirsch, Zwetschge, Mirabelle, Birne und Himbeergeist).

Durbach liegt in einer der attraktivsten Landschaften des deutschen Weinbaus.

Riesling (genannt Klingelberger) und Spätburgunder gedeihen auf den sonnigen Südhängen besonders gut; auch der Gewürztraminer (Clevner) ist eine Stärke der 2 600 Hektar umfassenden Region. Hier ließ sich einst Johann Jakob Christoph von Grimmelshausen zu seinem Simplicius Simplicissimus inspirieren und hier fand Geheimrat Goethe die «gartenmäßigen Felder und Trauben mit jedem Schritt und Tag besser».

Eine Besonderheit ist das Privileg der vier Orte Varnhalt, Neuweier, Steinbach und Umweg. Ihre Weine dürfen in die original fränkischen und ansonsten geschützten Bocksbeutel abgefüllt werden. Ein Herr Knebel von Katzenelnbogen hatte einst diese Flasche aus Würzburg «importiert» und eingeführt. Als die Franken Rechtsschutz für ihre Bauchflasche verlangten, verwiesen die Ortenauer auf ihre Bocksbeutel-Tradition. Die Ortenau wetteifert mit dem Kaiserstuhl um den Titel «bester Bereich Badens». Aber vergleichbar sind die Weine nicht. Im Süden beeindruckt die Burgunderfamilie mit Kraft und Wucht. In der Ortenau sind die Weine subtiler, fruchtbetonter.

Rebbau in Hang- und Steillagen

Die Vorzüge dieses Gebietes als Weinregion erkannten schon die Römer, aber die einfallenden Alemannen zerstörten im 4. Jahrhundert die Flächen. Später waren es die Klöster, die den Weinbau förderten. Lange Zeit standen die Reben im flachen Gelände. Als dies für den Ackerbau nutzbar gemacht wurde, rodete man Berghänge und schuf so viele der heute wertvollen Steillagen von Durbach, Oberkirch, Ortenberg, Neuweier, die einen Anteil von rund 60 Prozent an der gesamten Fläche der Ortenau haben. Beim Rest handelt es sich immer noch um Hanglagen; in der Ebene steht kaum mehr ein Rebstock. Die tüchtigen, ambitionierten Winzer der Ortenau haben ein sehr gutes Verhältnis mit den Genossenschaften. Es ist ein gesunder Konkurrenzkampf, der hier gepflegt wird.

Ortenaus Spätburgunder beeindrucken weniger durch Kraft als durch Subtilität.

Wein-Typ	★	🍷[1]	🍽[2]	🍾[3]	❶
Riesling	★★–★★★★★	rassig, saftig, viel Nerv	Meeresfrüchte, Fisch, (Klingelberger) Kalbsbries	2–10	❷–❹
Spätburgunder	★★–★★★★★	elegant, geschmeidig	Wild, Ente, Gans	3–10	❷–❸
Gewürztraminer	★★–★★★★★	feinaromatisch, füllig	Käse, Enten- und Gänseleber	2–10	❷–❸

[1] Trinkreife Jahrgänge: Seite 29; [2] ideale Speisen zum Wein: Seite 56

Breisgau: Ungenutztes Potential

Das Gebiet erstreckt sich von Lahr bis Freiburg. Knapp 1800 Hektar stehen unter Reben, bevorzugt auf lößhaltigen Lagen. Der Müller-Thurgau dominiert vor Spätburgunder, Grauburgunder und Weißburgunder. Ein Großteil der Weine wird über Ortsgenossenschaften für den Badischen Winzerkeller erfasst; nur im landschaftlich reizvollen Glottertal, bekannt für guten Weißherbst vom Spätburgunder, gibt es eine eigenständige Kooperative.

Dem Gebiet mangelt es etwas an Profil. Aber in den letzten Jahren gelang es einigen Weingütern, Breisgauer Wein bekannter zu machen, zum Beispiel in Malterdingen und Lahr. Reichlich Potential steckt in den Flächen, man muss sie nur nutzen.

Burgundersorten haben sich etabliert

Die Bodenverhältnisse im Breisgau sind sehr unterschiedlich. Das Klima ist mild, die Sonnenscheindauer ist sogar höher als in der Ortenau. Früher waren hier die heute nicht mehr zugelassenen Rebsorten Elbling

Reichlich Potential steckt in den Flächen, man muss sie nur nutzen.

und Räuschling vorherrschend. Inzwischen besitzt die Burgunderfamilie (Weiß-, Grau- und Spätburgunder) einen hohen Stellenwert.

Weinbau hat im Gebiet viel Tradition. Kenzingen wurde als Weinort bereits 773 genannt. Später waren es die Klöster, die den Rebbau kultivierten. «Malterer» wurde zu einem angesehenen Synonym für den Spätburgunder. Winzer Bernhard Huber in Malterdingen knüpfte vor gut zehn Jahren an die Geschichte an; er gehört heute zu den besten Rotweinproduzenten in Baden oder sogar in Deutschland (s. S. 63).

Der Breisgau ist im Kommen

Hans Wöhrle vom Städtischen Weingut Lahr ist etwas weiter nördlich ebenfalls einer der wenigen Erzeuger, die dem Breisgau zu mehr Ansehen verhelfen (s. S. 65). Nicht vergessen darf man den Kaiserstühler Top-Winzer Wolf-Dietrich Salwey, der im Glottertal Besitz hat und sicherlich den besten Weißherbst des Bereichs erzeugt (s. S. 68). Positive Einflüsse kommen allmählich auch von der großen Stiftungskellerei Freiburg. Und einige der kleineren Güter zeigen ebenfalls mehr Flagge. Der Breisgau ist im Kommen. Auf dem Breisgauer Weinfest in der zweiten Augusthälfte in Emmendingen kann man dies nachvollziehen.

Im Breisgau mangelt es nicht an vorzüglichen Gasthöfen.

Wein-Typ	★	🍷[1]	🍽[2]	—	❶
Müller-Thurgau	★–★★	unkompliziert, süffig, spritzig	Teigwaren, Vesper, milder Käse	1–3	❶–❷
Weißburgunder	★–★★★	zartwürzig, schlank, herzhaft	Nudelgerichte	1–5	❶–❷
Grauburgunder	★–★★★	kräftig, würzig, kernig	Spargel, Kutteln, Nierle, Leber	1–5	❶–❷
Spätburgunder	★–★★★★	samtig, elegant feinherb	Braten aller Art, Wild, Pilzgerichte	2–15	❷–❸

[1] Trinkreife Jahrgänge: Seite 29; [2] ideale Speisen zum Wein: Seite 56

Kaiserstuhl: Heimat großer Burgunder

Er ist eine eigenwillig geformte Landschaft zwischen Freiburg und dem Rheintal. Vulkanverwitterungsböden in Steillagen und fruchtbarer Löß in Terrassenlandschaften wechseln sich ab. Nicht immer sind die Eingriffe, die der Mensch in die Natur vorgenommen hat, optimal gewesen. Manche Weinberge muten an wie Reisterrassen und sind erosionsgefährdet.

Der Kaiserstuhl gilt als wärmste Weinregion Deutschlands; die Bodentemperaturen können bis zu 70° erreichen. Der größte Bereich Baden (gut 4250 Hektar) ist - mit einem Anteil von 60 Prozent - traditionell die Heimat der Burgunderfamilie in Weiß und Rot. Aber auch der Müller-Thurgau hat, trotz einem gewissen Flächenrückgang in den letzten Jahren, immer noch Bedeutung (25 Prozent Anteil), ebenso der traditionelle Silvaner (12 Prozent). Die Weine aus guten Häu-

Die Vulkanverwitterungsböden sind ein guter Wärmespeicher.

sern haben viel Fülle, Kraft, aber auch beachtliche Feinheiten. Die Vulkanverwitterungsböden sind ein guter Wärmespeicher. Hier hat sich, neben dem Wein, eine faszinierende Pflanzen- und Tierwelt entwickelt. Bekannt sind zum Beispiel 728 Schmetterlingsarten und 1300 Käferarten.

KAISERSTUHL

Um das Image des Bereichs zu steigern, wurden vor einigen Jahren von Seiten der Genossenschaften und der Weingüter zwei Vereine gegründet. Zum Teil wird zusammengearbeitet. Ein Ergebnis der Aktivitäten ist

das im Zwei-Jahres-Rhythmus stattfindende Grauburgunder-Symposium in Endingen (Mai 1999 Neuauflage der 97er Veranstaltung).
Die Güter wenden sich unter anderem gegen die Verwendung der Großlagenbezeichnung «Vulkanfelsen» (weil sie eine Einzellage vorgaukelt) und setzen sich für eine Forcierung des «Weißherbst» ein.

Ihringen lohnt einen Besuch. Die Gewächse, die in der Umgebung gedeihen, zählen zu den besten Badens.

Wein-Typ	★	🍷[1]	🍴[2]	🍾	❶
Müller-Thurgau	★–★★	süffig, herzhaft	Nudelgerichte, exotische Speisen, Fisch	1–4	❶–❷
Grauburgunder	★★–★★★★	kräftig, würzig, feinherb	Kalbsbries, Nierle, Aufläufe	1–6	❶–❷
Silvaner	★–★★★	leicht rauchig, viel Schmelz	Spargel, gebratene Leber	1–5	❶–❷
Spätburgunder	★★–★★★★★	feiner Johannisbeerduft, kraftvoll, samtig	Wild, Gans, Ente	3–10	❷–❹

[1] Trinkreife Jahrgänge: Seite 29; [2] ideale Speisen zum Wein: Seite 56

BADEN

Tuniberg: Auf Profilsuche

Der Bereich liegt südlich des Kaiserstuhls. Er umfasst 1050 Hektar, die vor einigen Jahren noch dem prominenten Nachbarn als Region Kaiserstuhl-Tuniberg zugeschlagen waren. Der Effekt freilich war, dass alle Welt nur vom «Kaiserstuhl» sprach und das Anhängsel Tuniberg keinerlei Beachtung fand, auch nicht in den Medien.

In der Selbstständigkeit (seit 1991) hat es der Bereich Tuniberg schwer, sich zu profilieren. Es fehlen die namhaften Weingüter; ein Großteil der Weine wird im Breisacher Winzerkeller vinifiziert. Bekanntere Weinorte sind Merdingen und Munzingen. Von der Lage Merdinger Bühl kommt meist ein recht ansehnlicher Spätburgunder (mit 50 Prozent Anteil die wichtigste Tuniberg-Sorte). Mit einer Weinmesse im Frühjahr (März) versuchen die Produzenten, verstärkt auf sich aufmerksam zu machen.

Der Tuniberg selbst, von dem der Bereich seinen Namen hat, ist ein lang gestreckter, aber nur 100 Meter

Im Westen sind die Böden kalkhaltig, im Osten und Norden mit Löß bedeckt.

hoher Gebirgszug. Westwärts ist er mit Jurakalkfelsen, ost- und nordwärts mit Löß bedeckt. Es gibt hier keine waldigen Berghöhen wie am Kaiserstuhl. Reben bestimmen das Bild. Der Tuniberg-Höhenweg ist eine ideale Strecke für Wanderer. Obwohl die Region einst «gemeinsame Sache» mit dem Kaiserstuhl machte, sind die klimatischen Verhältnisse unterschiedlich. Vor allem ist die Sonnenscheindauer etwas niedriger.

Brachliegende Möglichkeiten

Die Gemeinden Waltershofen, Opfingen, Tiengen und Munzingen sind zu Freiburg eingemeindet. Merdingen, der wohl bekannteste unter den unbekannten Orten, ist selbstständig geblieben. Der Löß im Boden versetzte hier eine Familie in den siebziger Jahren in die Lage, sich auch erfolgreich mit Weinbau zu befassen. Beim Weingut Kalkbödele stehen die Reben rund um den Steinbruch der Familie Mathis; die Einnahmen hieraus machten erst die Investitionen in den Rebbau möglich (s. S. 64).

Merdingen ist der bekannteste Ort des Tuniberg.

Dass der Tuniberg (Großlagenbezeichnung Attilafelsen) noch viele Möglichkeiten hat, die längst nicht ausgeschöpft sind, macht das Beispiel der Brüder Peter und Jürgen Landmann aus Waltershofen deutlich, die sich vor einigen Jahren entschlossen, Abschied von der Genossenschaft zu nehmen und erfolgreich in die Selbstvermarktung einzusteigen (s. S. 66).

Wein-Typ	★	🍷[1]	🍽[2]	🍾	❶
Müller-Thurgau	★ – ★★	süffig, leichtgewichtig, aromatisch	Milder Käse, Teigwaren, exotische Gerichte	1 – 3	❶ – ❷
Grauburgunder	★ – ★★★	kräftig, würzig, herb	Spargel, Leber, Kalbsbries	1 – 5	❶ – ❷
Spätburgunder	★ – ★★★	mollig, feinherb, verhalten fruchtig	Rinderbraten, Lamm, Wild	2 – 8	❶ – ❸

[1] Trinkreife Jahrgänge: Seite 29; [2] ideale Speisen zum Wein: Seite 56

Markgräflerland: Nicht nur Gutedel

Der Bereich erstreckt sich zwischen Freiburg und Basel, an der Vorbergzone des südlichen Schwarzwaldes. Er umfasst 3 000 Hektar in einer anmutigen Landschaft mit sanften Hügeln und malerischen Dörfern. Gutedel ist mit rund 40 Prozent Flächenanteil die Hauptsorte; die Markgräfler wollen ihre Traditionsrebe, die seit über 200 Jahren das Gebiet geprägt hat, noch mehr zum Aushängeschild machen und auch die möglichen Facetten über den normalen Zechwein hinaus erkennbar werden lassen.

Denn der Gutedel kann durchaus als edelsüße Auslese brillieren und auch mal einen rassigen Eiswein ergeben. Was die Sorte drauf hat, darf sie seit 1998 beim Gutedel-Cup im April zeigen, einem Wettstreit der Markgräfler Winzer, der auch dazu beiträgt, dass die Traditionssorte nicht zu sehr an Boden verliert. Denn vor hundert Jahren lag ihr Flächenanteil noch bei 90 Prozent, inzwischen sind es kaum mehr als 40 Prozent – und die Preise am Markt sind oft nicht zufriedenstellend.

Sanfte Hügel und malerische Dörfer prägen die Landschaft zwischen Freiburg und Basel.

Mit anderen Sorten läuft es besser. Der Spätburgunder, der inzwischen mehr als 550 ha umfasst, ist zu einer wertvollen Spezialität geworden. Auch der Weißburgunder (150 ha) kann auf den nährstoffreichen Lößböden im Kerngebiet der Region ausgezeichnete Weine ergeben, ebenso der Grauburgunder (100 ha). Bereits lange heimisch ist hier der Chardonnay (20 ha). Die Rebe ist zwar erst seit einigen Jahren offiziell zugelassen; sie wurde indes früher mit dem Weißburgunder gleichgesetzt und «firmierte» auch als Weißer Burgunder.

Mit Sekt auf Erfolgskurs

Es gibt vereinzelt Riesling mit Rasse und Gewürztraminer mit Kraft und feiner Aromatik. Eine gute Ergänzung ist der Nobling, eine Kreuzung von Silvaner x Gutedel, der mit seiner guten Säurestruktur eine gewisse Riesling-Ähnlichkeit hat und gern versektet wird. Sekt ist überhaupt ein wichtiges Thema im Markgräflerland geworden. Immer mehr Betriebe lassen es prickeln und stellen sich beim Markgräfler Sektmarkt Mitte Oktober dem Urteil der Konsumenten. Tipp: Die kleine Sektkellerei von Herbert Reinecker in Auggen.

Die hübschen Winzerdörfer mit ihren alten Häusern sind nicht nur für Weinfreunde Anziehungspunkt.

Wein-Typ	★	⚑¹	🍽²	⏲	❶
Gutedel	★–★★★	zart nussig, süffig, weiche Säure	Spargel, Teigwaren, Vesper	1–3	❶–❷
Weißburgunder	★★–★★★	herzhaft, kräftig, würzig	gebratener Fisch, Kalbsbries, Kutteln	1–5	❶–❷
Nobling	★–★★	würzig, feinnervig	Salat, exotische Gerichte, Vorspeisen	1–4	❶–❷
Spätburgunder	★★–★★★★	füllig, elegant, geschmeidig	Rinderbraten, Gans, Lamm	2–10	❷–❸

¹ Trinkreife Jahrgänge: Seite 29; ² ideale Speisen zum Wein: Seite 56

Bodensee: Berggewächs und Inselwein

Der Rhein verbindet zwar den Süden Badens mit dem Bodensee. Aber er wird nicht mehr von Reben gesäumt. Erst auf den Fluren von Hohentengen, unmittelbar am Hochrhein, zwischen Waldshut auf deutscher Seite und dem schweizerischen Schaffhausen, gibt es wieder Weinbau. 1986 wurde die erste Ernte am damals neu angelegten Hohentengener Ölberg, dem südlichsten deutschen Weinberg, eingebracht. Weiter östlich stehen Reben noch am Hohentwiel bei Singen, mit etwa 550 Meter gilt die Lage als höchstgelegene Deutschlands. Der größte Teil des insgesamt 480 Hektar umfassenden Bereichs befindet sich am Nordufer des Bodensees.

Wichtigste Orte sind Birnau, Meersburg, Hagnau und – weiter landeinwärts – Bermatingen. Nicht vergessen

Früher standen am Bodensee 2500 Hektar Reben im Ertrag. Heute gilt der Bodensee-Wein als Rarität, die sich gut verkauft.

werden darf die von Konstanz aus erreichbare Insel Reichenau, auf der noch rund 13 Hektar Reben stehen, die nach einem schlimmen Frost im Jahr 1956 übrigblieben.

Früher standen 2500 Hektar am Bodensee unter Reben. Heute gilt der Bodensee-Wein – vornehmlich aus Müller-Thurgau und Spätburgunder gekeltert – als gut zu vermarktende Rarität.

Leichte Gewächse von rassiger Säure

Das Klima am See ist unter normalen Umständen nicht unbedingt sonderlich warm. Und die Jahresniederschlagsmenge ist mit mehr als 800 mm reichlich bemessen. Aber die Seewinde lockern die Wolken oft auf, so dass die Sonnenscheindauer überdurchschnittlich ist. Im Herbst «kocht» der Föhn häufig die Trauben. Auch das Wasser reflektiert Sonnenenergie, die den Reben in Uferlagen zugute kommt.

Müller-Thurgau und Spätburgunder sind in Seenähe vorherrschend.

Der Wein, der in diesem zugleich milden, sonnigen, aber mäßig warmen Klima gedeiht, ist leichtgewichtiger und säurebetonter als in anderen badischen Regionen. Früher galt er schlicht als sauer. Das war in den Zeiten, in denen der Elbling noch dominierte.

Heute ist saurer Elbling kein Thema mehr im Gebiet, der Anbau sogar verboten. Bedeutend: Das Gut des Markgrafen von Baden (s. S. 66). Aufstrebend ist das Weingut der Brüder Manfred und Robert Aufricht bei Meersburg, die sich ihren guten Ruf in den letzten Jahren erarbeitet haben (s. S. 60).

Wein-Typ	★	🍷[1]	🍽[2]		❶
Müller-Thurgau	★–★★	resch, süffig, würzig	Felchen, Kalbsbries, Spargel	1–3	❶–❷
Spätburgunder	★★–★★★★	kräftig, saftig, betont herb	Rinderbraten, Kutteln, gebratene Leber	2–8	❷–❸

[1] Trinkreife Jahrgänge: Seite 27; [2] ideale Speisen zum Wein: Seite 50

Die kulinarischen Hochzeiten

Kein anderes deutsches Weinbaugebiet verwöhnt seine Besucher in gleicher Weise raffiniert und nirgendwo wird eine intensivere Partnerschaft zwischen Gastronomie und Wein gepflegt. Geht es um den Rebensaft, sind die badischen Wirte Patrioten. Sie setzen ganz klar auf die Produkte der Region. Und sie sind ehrgeizig am Herd. In fast jedem Ort gibt es diese Spezies, oft nicht nur einmal, sondern mehrfach.

Es ist nicht immer die große Kochkunst, die zelebriert wird. Auch ein Schäufele, Ochsenfleisch, Kutteln, saure Leber oder Maultaschen (in vielen Variationen) können schmecken. Ach was, hier sind die köstlich! Andererseits gibt es nirgendwo in Deutschland mehr Kochmützen oder Sterne auf engem Raum als im badischen Rebland und dessen unmittelbarer Nachbarschaft. Konkurrenz belebt das Geschäft, sehr zur Freude der Genießer.

Geniessen ohne Schnickschnack

Was zum kulinarischen badischen Erfolg beiträgt ist laut Feinschmecker Wolfram Siebeck ein «ideales Mikroklima mit einem einmaligen Zusammentreffen von ehrgeizigen Wirten und emanzipierten Essern». Man genießt in Baden ohne den üblichen Schnickschnack, der in manchen Gourmettempeln offenbar unvermeidbar ist. Die Köche, so gut sie auch sind, blieben bodenständig und setzen ihre Kreativität ohne überflüssigen Zierat ein – wenn man das typische «le» hinter vielen Gerichten vom Nierle über die Maultäschle bis zu den Spätzle nicht als solches ansieht. Sie verwenden am liebsten regionale Produkte. Aber sie

Wichtig ist, dass die Intensität des Geschmacks und der Speisen ausgeglichen sind. Kräftige Speisen verlangen gehaltvolle Gewächse, leichte Gerichte süffige Weine.

lassen sich von der Tradition ebenso beeinflussen wie sie Impressionen bei den Nachbarn in der Schweiz und im Elsass einholen. Das bedeutet indes nicht «abkupfern». Das schönste Kompliment für die ambitionierten, manchmal qualitätsbesessenen badischen Köche ist der häufige Besuch von Gästen aus den Nachbarländern...

Das Zusammenspiel mit Wein kann hervorragend funktionieren, wenn man sich an einige Empfehlungen hält, die der Badische Weinbauverband zusammengestellt hat. Als da wären:

- Die Intensität des Geschmacks von Speise und Wein soll ausgeglichen sein. Zu kräftigen Speisen stehen am besten alkoholreichere, dichte Weine. Bei leichten Gerichten bringen fruchtig-frische Weine die beste Harmonie. Im Prinzip ist's wie in einer guten Partnerschaft. Niemand sollte zu sehr dominieren...
- Die Regel «helles Fleisch – heller Wein, dunkles Fleisch – roter Wein» trifft meist nicht zu. Bestimmend für die optimale Weinauswahl ist das Produkt auf dem Teller, das am geschmacksintensivsten ist – dies ist meist die Sauce. Somit ist die Regel eher umzuformulieren in «leichte Sauce – leichter Wein, kräftige Sauce – kräftiger Wein».
- Die Zunge kann geschmacklich die Komponenten süß, sauer, bitter und salzig wahrnehmen. Säuren

und Bitterstoffe in Speisen und Wein addieren sich. Deshalb begleitet man Speisen mit geringer Säure durch säurebetonte Weine (Riesling, auch Grauburgunder) und umgekehrt Speisen mit hoher Säure durch Weine mit zarter Säurestruktur (Gutedel, Weißburgunder).
- Süße in Speise und Wein heben sich gegenseitig auf. Zur Begleitung von Süßspeisen und Desserts eignen sich deshalb nur edelsüße Weine.

Raffinierte Vielfalt

So wie es *den* badischen Wein nicht gibt, so gibt es auch *die* badische Küche nicht. Beispielsweise werden am Bodensee Fischgerichte bevorzugt. Die zarten Felchen sind paniert oder gebraten eine begehrte Spezialität. Weiter nördlich am Oberrhein zehrt man vom Reichtum des Waldgebirges. Das Ergebnis kann ein Badischer Rehrücken sein, ebenso ein Hasen- oder Wildschweinrücken sowie Hasenpfeffer alemannische Art (ein gebeiztes, herzhaftes Ragout). Die Innereien Bries, Leber und Nieren (jeweils mit einem liebenswerten «le» am Ende) werden gern zubereitet, mal gebacken, mal nur scharf angebraten. Auch ein saures Leberle mit reichlich Zwiebeln ist nicht zu verachten. Wenn es Herbst wird, ist die hohe Zeit des Zwiebelkuchens. Unverzichtbar im badischen Küchenrepertoire sind die herzhaften Suppen, zu denen durchaus ein Wein passt – bei sehr sahnigen Suppen darf er getrost etwas Restsüße haben. Steht auf der Speisekarte Schäufele, erwartet den Hungrigen eine gepökelte, leicht geräucherte Schweineschulter. Und zum Finale gibt es vielleicht eine badische Weintorte, in der Schwarzbrot, Mandeln, Zitronen und Zimt eine wichtige Rolle spielen und auch der Wein in der Rezeptur nicht fehlen darf.

Die ideale Verbindung zwischen Wein und Gericht zu finden, gehört zu den vergnüglichsten Seiten der Weinliebhaberei.

BADEN

Welche Weine zu welchen Speisen?

Weintypen	Weine
trockene, diskrete Weißweine	Gutedel, Weißburgunder
aromatische, trockene Weißweine	Riesling, Müller-Thurgau, Kerner, Muskateller
gehaltvolle Weißweine	Chardonnay, Silvaner, Grauburgunder
einfache Rotweine	Spätburgunder, Schwarzriesling
gehaltvoller Rotwein	Spätburgunder aus dem Kaiserstuhl und der Ortenau
Süßwein, Dessertweine	Auslese und Beerenauslese von Riesling, Traminer, Scheurebe

Klassische Badische Küche	Speisen generell
Flammekuchen, Rösti, Bubespitzle, Schwarzwälderschinken, Zwiebelkuchen	Leber, milder Käse, Spargel, Teigwaren, Vesper
Bachforelle, gebackenes Kalbsbries, Maultaschen, Hechtklößchen badische Art, Bodenseefelchen, Schwetzinger Spargel	Fisch, Meeresfrüchte, Vorspeisen, Kalbsbries, Spargel, Nudelgerichte, exotische Gerichte, Vesper
Nierle und Leberle, Kalbskutteln, badische Brotsuppe, Freiburger Topf	Spargel, Fisch gebraten, helles Fleisch gebraten, Aufläufe, Kutteln, gebratene Leber
Schweinshäxle, Lamm mit Bärlauch, Hasenpfeffer alemannische Art, Schäufele	Gans, Lamm, Pilzgerichte, Rebhuhn
eingelegter Feldhase, Rehbraten mit Spätzle, Rehrücken Baden-Baden, Gans alemannische Art	Rinderbraten, Wild, Ente, Rindshaxen
Münsterkäse, Himbeersoufflé, badische Weintorte	Mandelgebäck würziger Käse, Gänse- und Entenleber, Süßspeisen, Mandel

Die schönsten Güter, die besten Weine

Die rund 120 Genossenschaften und eine Vielzahl privater Keller und Produzenten bieten eine enorm vielfältige Palette badischer Weine an. In neun unterschiedlichen Gebieten auf über 15 000 Hektar werden insgesamt an die 50 verschiedene Rebsorten angebaut und zu Sekt, Weiß- und Rotwein oder Dessertwein ausgebaut.

Die Sterne führen zu den qualifizierten Gütern. Meist wird eine Bandbreite der offerierten Qualitäten angegeben. ★–★★★★★ bedeutet, dass dieses Gut vom ehrlichen Alltagswein bis zum feinen Festwein alles erzeugt. Die Preise richten sich nach den Qualitätsstufen. Die Preiskategorien entnehmen Sie den folgenden Seiten. Alle erwähnten Produzenten samt Seitenhinweis finden sich auch im Index auf Seite 78.

Der Weinratgeber, der ständig aktuell bleibt
Natürlich ändert sich das Angebot ständig, die Qualität der Weine von Jahrgang zu Jahrgang. Um stets aktuell zu bleiben, bedient sich die Vinoteca des Internets. Dort steht eine Website zur Verfügung, die vom internationalen Weinmagazin Vinum unterhalten wird. Sie finden dort Resultate und Kommentare der neusten Verkostungen: www.vinoteca.falken.de.

Gutschein für aktuelle Weinlisten
Wenn Ihnen das Netz der Netze noch ein Buch mit sieben Siegeln ist, so profitieren Sie vom Gutschein, der diesem Band beiliegt. Damit können Sie direkt bei Vinum kostenlos das aktuellste Verzeichnis mit den Benotungen der badischen Weine anfordern.

Die Preise für badischen Wein sind teilweise günstig. Einfachere Qualitätsweine, z. B vom Müller-Thurgau oder Gutedel aus Genossenschaftskellern kosten im Supermarkt ab etwa 5 DM. Bessere Qualitätsweine kosten zwischen 8 und 10 DM. Gehobenere Qualitäten (Spätlesen klassischer Sorten) sind etwa für 15–20 DM zu haben. Für Spezialitäten, die in Barriques ausgebaut wurden, können es je nach Erzeuger 30–50 DM sein. In dieser Preisklasse sind die Genossenschaften in ihren Forderungen oft übertrieben mutig.

Die raren edelsüßen Weine werden meist in Fläschchen (0,375 l) abgegeben; sie kosten je nach Sorte und Herkunft zwischen 40–100 DM.

Weingut Abril ★★–★★★
Talstraße 9, 79235 Vogtsburg-Bischoffingen (Kaiserstuhl), Tel. 076 62 255, Fax 60 76

6,6 Hektar; je 30% Spätburgunder, Grauburgunder, 15% Müller-Thurgau, außerdem Riesling, Weißburgunder, Silvaner, Chardonnay. Traditionsreicher Betrieb (seit 1740), gleichmäßig gut bei Weiß- und Rot. Hausherr Hans-Friedrich Abril tüftelt gern und will aus seinen Sorten das Optimale herausholen. Manchmal sind die schmelzigen Gewächse etwas zu alkoholreich.

Winzergenossenschaft Achkarren ★–★★
Schlossbergstraße 2, 79235 Achkarren (Kaiserstuhl), Tel. 076 62 930 40, Fax 82 07
155 Hektar; 40% Grauburgunder, 22% Spätburgunder, 21% Müller-Thurgau, außerdem Weißburgunder, Silvaner. Mitglied: Vereinigung Deutscher Prädikatswinzergenossenschaften. Mittelgroße Genossenschaft mit rund 320 Mitgliedern, die Besitz in den ausgezeichneten Lagen Schlossberg und Castellberg haben. Sehr zuverlässig; eine der besten Kooperativen in Deutschland.

Weingut Aufricht ★–★★
Weinkundeweg 8, 88709 Meersburg (Bodensee), Tel. 075 32 61 23 und 24 27, Fax 24 21

11 Hektar; 37% Spätburgunder, 23% Müller-Thurgau, 13% Grauburgunder, etwas Weißburgunder, Auxerrois, Chardonnay. Die Brüder Robert und Manfred Aufricht bauen nicht selbst aus; das besorgt für sie Herbert Senft, der Kellermeister des Weinguts Markgraf von Baden in Salem. Das Ergebnis sind betont herbe, spritzige Weißweine und saftige Rotweine.

Weingut Herbert Becker ★–★★★
Burgunderweg 9, 69254 Malsch (Kraichgau), Tel. 072 53 923 44, Fax 923 45

5,2 Hektar; Weißburgunder (23), Grauburgunder (17), Auxerrois (7), Spätburgunder (25), Portugieser (17), außerdem Regent, Gewürztraminer, Riesling. Winzer Becker und seine Gattin Marlies bewirtschaften den kleinen Betrieb nebenbei. Hauptberuflich ist er Betriebsleiter im Weingut des Industrieunternehmens Freudenberg in Weinheim, das aber nicht auf dem Markt auftritt. Becker gehört zu den Stillen im Lande, arbeitet aber sehr zuverlässig.

Weingut Bercher ★★★–★★★★
Mittelstadt 13, 79235 Burkheim (Kaiserstuhl), Tel. 076 62 212 und 60 66, Fax 82 79
Mitglied: VDP, Deutsches Barrique Forum.
21 Hektar eigene Fläche, 12 Hektar Zukauf von Vertragswinzern; 42% Spätburgunder, 15% Grauburgunder, 14% Weißburgunder, außerdem Riesling, Müller-Thurgau, Chardonnay. Traditionsreiches Gut (Ursprünge im 15. Jahrhundert), bewirtschaftet von den Brüdern Eckhardt (Außenwirtschaft) und Rainer Bercher (Keller). Die beiden verstehen sich glänzend und produzieren auf allen Ebenen vom einfacheren

Tischwein bis zur edelsüßen Spezialität überzeugende Gewächse. Trotz aller Kraft haben die Weine Finesse.

Winzergenossenschaft Bischoffingen ★–★★
Bacchusstraße 14, 79235 Bischoffingen (Kaiserstuhl), Tel. 076 62 930 10, Fax 93 01 93
235 Hektar; 31% Spätburgunder, 30% Müller-Thurgau, 21% Grauburgunder, außerdem Silvaner, Weißburgunder. Größere Genossenschaft mit etwas unausgewogener Leistung. Wurde in den letzten Jahren aber zunehmend im Niveau stabiler und erzeugt immer wieder mal bemerkenswerte Weine. Im Aufwärtstrend.

Weingut Blankenhorn ★–★★★
Basler Straße 2, 79418 Schliengen (Markgräflerland), Tel. 076 35 10 92, Fax 38 56
Mitglied: VDP. 20 Hektar; 30% Gutedel, 25% Spätburgunder, je 10% Grauburgunder, Weißburgunder, außerdem Riesling, Chardonnay, Müller-Thurgau, Cabernet Sauvignon. Alteingesessener Betrieb, der von einigen Jahren von Inhaberin Rosemarie (Roy) Blankenhorn weitgehend auf ökologischen Weinbau umgestellt wurde. Immer wieder bemerkenswerte Gutedel und überdurchschnittliche Weißburgunder. Potential wird nicht ganz ausgeschöpft.

Winzergenossenschaft Britzingen ★–★★★
Markgräflerstraße 25–29, 79379 Britzingen (Markgräflerland), Tel. 076 31 177 10, Fax 40 13
178 Hektar; 39% Gutedel, 19% Spätburgunder, 17% Müller-Thurgau, außerdem Weißburgunder, Grauburgunder, Chardonnay, Gewürztraminer. Sehr zuverlässige Kooperative mit 210 Mitgliedern, wird fast geführt wie ein Familienbetrieb. Kellermeister Hermann Zenzen ist sehr engagiert, aber er übertreibt gelegentlich den Einsatz von Barriques. Trotzdem eine der besten Genossenschaften nicht nur in Baden.

Hofgut Consequence ★–★★
Talstraße 15, 79235 Bischoffingen (Kaiserstuhl), Tel. 076 62 940 87, Fax 940 86

5,8 Hektar; 30% Spätburgunder, 21% Müller-Thurgau, 7% Grauburgunder, 6% Silvaner, außerdem Weißburgunder, Kerner, Orion, Gewürztraminer, Cabernet Sauvignon, Merlot, Cabernet Franc und Regent. Mitglied: Ecovin. Manfred Schmidt und seine Gattin Eva Maria lieferten bis 1994 ihre Trauben an die örtliche Genossenschaft. Dann machten sie sich selbstständig und stellten zugleich auf ökologischen Weinbau um. Der Name steht auch für durchgegorenen Ausbau und den Verzicht auf Prädikate (Ausnahme: Trockenbeerenauslesen).

Weingut Hermann Dörflinger ★–★★★
Mühlenstraße 7, 79379 Müllheim (Markgräflerland), Tel. 076 31 2207, Fax 41 95

18 ha, 48% Gutedel, 11% Weißburgunder, 10% Grauburgunder, 15% Spätburgunder, außerdem Gewürztraminer, Chardonnay. Alteingesessenes Gut, war in den «süßen Sechzigern» eine der wenigen Bastionen für durchgegorene Weine. Pflegt eine schnörkellose Stilrichtung. Die besondere Stärke liegt im Bereich der Prädikatsweine (vor allem Spätlesen); die normalen Qualitäten sind etwas einfach «gestrickt».

Winzergenossenschaft Durbach ★–★★
Nachweide 2, 77770 Durbach (Ortenau), Tel. 07 81 936 60, Fax 365 47
Mitglied: Vereinigung Deutscher Prädikats-Winzergenossenschaften.
320 ha, 40% Spätburgunder, 24% Riesling, 20% Müller-Thurgau, 7% Clevner (Traminer), außerdem Grauburgunder, Chardonnay, Scheurebe. Stattliche Genossenschaft, die rund drei Viertel der 450 ha von Durbach erfasst.

Die Stärken sind Riesling und Traminer, auch mit Spätburgunder kann man reüssieren. Die Barrique-Weine gelingen nicht immer. In der Qualität zuletzt etwas unbeständig.

Winzergenossenschaft Ehrenstetten ★–★★
Kirchbergstraße 9, 79238 Ehrenkirchen (Markgräflerland), Tel. 076 33 950 90, Fax 508 53

130 ha, 34% Gutedel, 30% Müller-Thurgau, 21% Spätburgunder, 8% Weißburgunder, außerdem Nobling, Gewürztraminer, Grauburgunder, Riesling, Chardonnay, Auxerrois, Cabernet Sauvignon, Merlot, Regent. Kleinere Genossenschaft, deren Mitglieder und die innovative Geschäftsleitung viel Ehrgeiz entwickeln. Bei ihrer Hauptsorte Gutedel kreierten sie den «Chasslie» (mit biologischem Säureabbau) nach Schweizer Vorbild und wagten sich auch schon an herbe Auslesen. Sogar «Strohwein» wurde bereits erzeugt und wird unter der Bezeichnung «Strohweinlikör» als aufgespritetes Konzentrat verkauft.

Weingut Freiherr zu Franckenstein ★–★★
Weingartenstraße 66, 77654 Offenburg (Ortenau), Tel. 07 81 349 73, Fax 360 46

Mitglied: VDP. 12 ha, 38% Riesling, 20% Grauburgunder, 15% Spätburgunder, 14% Müller-Thurgau, 8% Weißburgunder, außerdem Traminer, Chardonnay. Traditionsgut (zurück bis 1517 nachweisbar), das 1985 vom vormaligen Verwalter Hubert Doll in Pacht übernommen wurde. Die Stärken sind Riesling und Grauburgunder.

Gallushof Norbert und Gerda Hügle ★–★★
79331 Teningen-Heimbach (Breisgau), Tel. 07641 51242
Mitglied: Ecovin. 11,5 ha; 35% Spätburgunder, 18% Müller-Thurgau, 13% Grauburgunder, außerdem Weißburgunder, Kerner, Riesling, Gewürztraminer. Der Name leitet sich ab vom Mönch St.Gallus, der im 7. Jahrhundert in diesem Gebiet missionierte und Schutzpatron der Heimbacher Kirche ist. Die Winzerfamilie Hügle, die 1991 auf ökologischen Weinbau umstellte, legt Wert auf niedrige Erträge. Besondere Stärke: der Grauburgunder. Geheimtipp: der im Barrique gereifte Tresterschnaps.

Weingut Freiherr zu Gleichenstein ★–★★
Bahnhofstraße 12, 79235 Oberrotweil (Kaiserstuhl), Tel. 076 62 288, Fax 18 56

24 ha, 30% Spätburgunder, je 20% Weißburgunder, Grauburgunder, Müller-Thurgau, außerdem Riesling, Silvaner, Muskateller, Scheurebe. Traditionsgut (über 350 Jahre alt), geführt von Hans-Joachim von Gleichenstein. Befindet sich nach einem Wechsel im Keller im Aufwand.

Weingut Thomas Hagenbucher ★–★★
Friedrichstraße 36, 75056 Sulzfeld (Kraichgau), Tel. 072 69 91 11 20, Fax 91 11 22
8 ha; 27% Riesling, 21% Müller-Thurgau; 12% Weißburgunder, 11% Grauburgunder, 4% Chardonnay, 17% Schwarzriesling, 5% Spätburgunder, 3% Lemberger. Junger Betrieb, der erst 1992 gegründet wurde. Inhaber Thomas Hagenbucher entwickelte sofort Ehrgeiz und hatte 1998 großen Erfolg mit einem 2. Platz für einen Schwarzriesling beim Vinum-Rotweinpreis. Betrieb mit Zukunft.

Weingut Dr. Heger ★★★–★★★★★
Bachenstraße 19/21, 79241 Ihringen (Kaiserstuhl), Tel. 076 68 205 und 7833, Fax 076 68 93 00
Mitglied: VDP, Deutsches Barrique Forum.

15 ha, je 24% Spätburgunder, Riesling, 19% Grauburgunder, 13% Weißburgunder, 8% Silvaner, 5% Chardonnay, außerdem Muskateller, Gewürztraminer, Cabernet Sauvignon. Erst 1935 gegründet, ist das Gut heute wohl die Nummer Eins in Baden und gehört zu den besten in Deutschland. Dr. Max Heger, dann Wolfgang Heger und seit einigen Jahren Joachim Heger hatten und haben immer Top-Qualität im Visier. Geheimtipp: Der Silvaner aus dem Achkarrer Schlossberg. Im gleichen Besitz: das Weingut Otto Fischer in Nimburg-Bottingen (im Aufwind). Außerdem wird für den Kellereibetrieb «Weinhaus Joachim Heger» sorgfältig ausgewähltes Traubenmaterial zugekauft.

Weingut Ernst Heinemann ★–★★
Mengener Straße 4, 79238 Ehrenkirchen-Scherzingen (Markgräflerland),
Tel. 076 64 63 51, Fax 60 04 65

13 ha; 40% Gutedel, 26% Spätburgunder, je 10% Müller-Thurgau, Chardonnay, außerdem Weißburgunder, Gewürztraminer, Muskateller. Schon seit 1556 betreibt die Familie Weinbau, begann aber erst vor 40 Jahren mit der Selbstvermarktung und galt dabei immer als solider Betrieb. Spezialität: Chardonnay (die Reben stehen hier seit Jahrzehnten, nur wurden sie früher als Weißburgunder bezeichnet). In den letzten Jahren aufsteigende Tendenz.

**Weingut Reichsgraf
zu Hoensbroech** ★★–★★★★
74916 Angelbachtal-Michelfeld (Kraichgau),
Tel. 072 65 911 034, Fax 911 035

Mitglied: VDP. 17 ha; 35% Weißburgunder, je 15% Riesling, Grauburgunder, 8% Spätburgunder, außerdem Gewürztraminer, Chardonnay, Auxerrois, Lemberger. Früher betrieb die Familie Weinbau in den Niederlanden, dann an der Saar. 1967 siedelten Rüdiger Graf zu Hoensbroech und Gattin Maria in den Kraichgau um und bauten mit der Zeit ein stattliches Gut auf. Die Weine sind meist kompromißlos herb, der Weißburgunder ist die besondere Stärke. Der Inhaber ist Vorsitzender des regionalen VDP.

Weingut Bernhard Huber ★★–★★★★
Heimbacher Weg 19, 79364 Malterdingen (Breisgau), Tel. 076 44 12 00, Fax 82 22
Mitglied: VDP, Deutsches Barrique Forum.
15 ha; 53% Spätburgunder, 10% Chardonnay, 6% Grauburgunder, außerdem Auxerrois, Muskateller, Riesling, Scheurebe, Freisamer. Als Bernhard Huber 1987 zuerst mit Teilen des Betriebes (später mit der gesamten Fläche) aus der Genossenschaft austrat, widmete er sich besonders dem Spätburgunder, der einst als «Malterer» begehrt war. Durch hervorragende Gewächse verließ er bald den Geheimtipp-Status, hatte mehrfach Erfolge mit seinem Rotwein, glänzt aber auch mit Weiß und mit Sekt. Nicht immer ganz gleichmäßig, trotzdem Breisgauer Aushängeschild.

Schlossgut Istein – Albert Soder ★–★★★
Im Innerdorf, 79588 Istein (Markgräflerland),
Tel. 076 82 12 84, Fax 86 32

Mitglied: VDP. 10 ha; 35% Gutedel, 25% Spätburgunder, je 10% Riesling, Weißburgunder, außerdem Chardonnay, Grauburgunder, Nobling, Gewürztraminer. Das Schlossgut gehörte früher unter anderem dem Landkreis Lörrach, ehe es von Albert und Anita Soder gepachtet und wieder auf Vordermann gebracht wurde. Prinzip: wenig am Wein machen, alles durchgegoren.

Winzergenossenschaft Jechtingen ★–★★
Winzerstraße 1, 79361 Jechtingen (Kaiserstuhl),
Tel. 076 62 932 30, Fax 81 41

190 ha, 31% Spätburgunder, 29% Müller-Thurgau, 17% Grauburgunder, 14% Weißburgunder, außerdem Silvaner, Gewürztraminer. Emsige Genossenschaft mit Ehrgeiz und einigen Erfolgen in den letzten Jahren. Meist überzeugend sind Weiß- und Grauburgunder sowie die Sekte. Auch die Rotweine sind oft überdurchschnittlich.

Weingut Johner ★★–★★★★
Gartenstraße 20, 79235 Bischoffingen (Kaiserstuhl), Tel. 076 62 60 41, Fax 83 80.
Mitglied: Deutsches Barrique Forum. 16,5 ha; 30% Spätburgunder, 25% Grauburgunder, 18% Weißburgunder, 13% Rivaner, außerdem Chardonnay, Cabernet Sauvignon, Sauvignon blanc. Der früher in England (!) als Kellermeister arbeitende Karl Heinz Johner hält sich nicht an Normen. Er bewirtschaftet zwar mehr als 90 Parzellen, verzichtet aber auf Lagenangaben sowie Qualitätsstufen. Alle Weine werden in Barriques ausgebaut und als «Tafelweine» verkauft.

Weingut Kalkbödele ★–★★
Enggasse 21, 79291 Merdingen (Tuniberg),
Tel. 076 68 71 11 13, Fax 945 05
Mitglied: Deutsches Barrique Forum. 15 ha; 60% Spätburgunder, 15% Weißburgunder, 10% Grauburgunder, außerdem Müller-Thurgau, Riesling, Gewürztraminer. Die Eigentümer, die Familie Mathis, betreiben hauptberuflich einen Kalksteinbruch am Tuniberg (daher der Name des Gutes). Tobias Burtsche ist ihr tüchtiger Betriebsleiter, der immer wieder mal mit interessanten Burgunderweinen positiv auffällt.

Winzergenossenschaft Kappelrodeck ★–★★
Waldulmer Straße 41, 77876 Kappelrodeck (Ortenau), Tel. 078 42 993 80, Fax 87 63
Mitglied: Vereinigung Deutscher Prädikats-Winzergenossenschaften
142 ha; 78% Spätburgunder, 12% Müller-Thurgau, 5% Riesling, außerdem Kerner, Ruländer, Scheurebe, Gewürztraminer. Die Lage «Hex von Dasenstein» kommt auch auf den Etiketten optisch zur Geltung. Die Genossenschaft ist vor allem für traditionellen Spätburgunder bis hin zu ansehnlichen Beerenauslesen bekannt.

Weingut Franz Keller – Schwarzer Adler ★–★★★
Badbergstr. 23, 79235 Vogtsburg-Oberbergen (Kaiserstuhl), Tel. 076 62, 933 00, Fax 719
20 ha; 30% Grauburgunder, 28% Spätburgunder, 15% Müller-Thurgau, 12% Weißburgunder, außerdem Chardonnay, Lemberger. Der Name Keller wird von der Kundschaft geschätzt und bei Funktionären eher gehasst. Senior Franz Keller war oft in der Opposition und scheute sich nicht vor deftigen Worten. Den Weinausbau verantwortet seit 1990 der eher zurückhaltende Sohn Fritz Keller. Die Weine sind, Ausnahme edelsüß, konsequent durchgegoren und schnörkellos. Zum Betrieb gehört auch eine Erzeugergemeinschaft (19 ha).

Winzergenossenschaft Königschaffhausen ★–★★★
Kiechlinsberger Straße 2, 79346 Königschaffhausen (Kaiserstuhl), Tel. 076 42 10 03, Fax 25 35
Mitglied: Deutsches Barrique Forum. 165 ha; 36% Müller-Thurgau, 33% Spätburgunder, 18% Grauburgunder, 7% Weißburgunder, außerdem Chardonnay, Scheurebe, Cabernet Sauvignon. Leistungsstarke Kooperative, die schon seit etlichen Jahren zur deutschen Ge-

nossenschaftsspitze gehört. Mit Barriques wird gekonnt umgegangen (vor allem beim Spätburgunder). Immer wieder auch ansehnliche edelsüße Weine.

Weingut Konstanzer ★–★★
Quellenstraße 22, 79241 Ihringen (Kaiserstuhl), Tel. 076 68 55 37, Fax 50 97

6 ha; 52% Spätburgunder, 20% Grauburgunder, 8% Silvaner, 7% Weißburgunder, außerdem Müller-Thurgau, Riesling, Muskateller, Chardonnay. 1983 starteten Horst und Petra Konstanzer mit einer Minifläche (0,3 ha). Später wurde der elterliche Betrieb, der vorher an die Genossenschaft lieferte, integriert. Nach Jahren der Selbstfindung geht es merklich nach oben.

Weingut Lämmlin-Schindler ★★–★★★
Müllheimer Straße 4, 79418 Schliengen (Markgräflerland), Tel. 076 35 440, Fax 436

Mitglied: Ecovin. 19,5 ha; 41% Spätburgunder, 23% Gutedel, 10% Weißburgunder, 8% Chardonnay, 5% Grauburgunder, außerdem Müller-Thurgau, Muskat-Ottonel, Silvaner, Scheurebe, Gewürztraminer. Einer der Vorzeigebetriebe im Markgräflerland. Inhaber Gerd Schindler wagte die angesichts seiner Betriebsgröße nicht selbstverständliche Umstellung auf den ökologischen Weinbau schon 1989. Die Weine litten nicht darunter, fast in jedem Jahr gibt es eine gute Kollektion mit einigen besonders positiven Überraschungen (Muskat-Ottonel).

Weingut der Stadt Lahr – Familie Wöhrle ★★–★★★
Weinbergstraße 3, 77933 Lahr (Breisgau), Tel. 078 21 253 32, Fax 393 98

Mitglied: Ecovin. 10 ha; 22% Müller-Thurgau, 19% Spätburgunder, 15% Grauburgunder, je 10% Auxerrois, Nobling, außerdem Weißburgunder, Regent.

Vor 1979 war Hans Wöhrle «Traubenbauer», der an die Genossenschaft lieferte. Dann übernahm er das marode Weingut der Stadt Lahr, wirtschaftete es nach oben und ist heute nicht mehr nur Pächter, sondern Eigentümer. Nach der Umstellung auf ökologischen Weinbau vor einigen Jahren gab es leichte Schwächen, inzwischen ist das Gut besser denn je.
Tipp: die rote Sorte Regent!

Weingut Andreas Laible ★★–★★★
Am Bühl 6, 77770 Durbach (Ortenau), Tel. 07 81 412 38 Fax 383 39

6 ha; 58% Riesling, 15% Spätburgunder, je 6% Traminer/Gewürztraminer, Scheurebe, Weißburgunder, außerdem Chardonnay.

Lange Zeit war Laible-Wein knapp, aber 1997 kamen endlich zwei zusätzliche Hektar im Durbacher Plauelrain dazu. Der emsige Ortenauer entwickelt viel Ehrgeiz, hat Fingerspitzengefühl und enorme Freude an seinem Beruf. Bei Riesling vielleicht sogar badische Spitze.

Weingut Landmann ★★–★★★
Umkircher Straße 2,
79112 Freiburg-Waltershofen (Tuniberg),
Tel. 07665 6757, Fax 07665 51945
16 ha; 50% Spätburgunder, je 15% Weiß- und Grauburgunder sowie Müller-Thurgau, außerdem Riesling, Chardonnay, Bronner. 1995 übernahmen die Brüder Jürgen und Peter Landmann das elterliche Weingut, kündigten die Mitgliedschaft in der Genossenschaft auf und stellten sich auf eigene Beine. Mit Erfolg. Die Weine sind herb, stoffig und elegant. Spezialität: hellgekelterter Spätburgunder. Der eigene Slogan «Neuer Stern am Freiburger Weingutshimmel» ist anspruchsvoll aber nicht hochgestapelt.

Weingut Heinrich Männle ★–★★★
77770 Durbach-Sendelbach (Ortenau),
Tel. 07 81 411 01

5 ha; 52% Spätburgunder, 10% Weißburgunder, 8% Riesling, außerdem Müller-Thurgau, Scheurebe, Gewürztraminer, Cabernet Sauvignon. Als «Rotwein-Männle» wurde Heinrich Männle bekannt. Eigentlich wollte er 1995 in den Ruhestand gehen, aber der Sohn sprang aus dem Nachfolger-Boot, so dass der Senior weitermacht. Er tut's in bewährter Art mit meist traditionellen Weinen, die häufiger einen Hauch Fruchtsüße haben.

Bezirkskellerei Markgräflerland ★–★★
Winzerstraße 2, 79588 Efringen-Kirchen (Markgräflerland), Tel. 076 28 911 40, Fax 29 26
330 ha; 53% Gutedel, 22% Müller-Thurgau, 16% Spätburgunder, außerdem Weißburgunder, Gewürztraminer, Nobling, Muskateller. Große Genossenschaftskellerei, die sich anstrengt, aber dies nicht immer optimal umsetzt. Der Gutedel gerät meist herzhaft süffig. Beim Spätburgunder ist der Betrieb für Überraschungen gut.

Weingut Max Markgraf von Baden ★–★★
Schloss Salem, 88682 Salem (Bodensee),
Tel. 075 53 81-271, Fax 075 53 61 93 und
Schloss Staufenberg, 77770 Durbach (Ortenau),
Tel. 07 81 427 78, Fax 07 81 44 05 78
Bodensee: 86 ha; 46% Spätburgunder, 42% Müller-Thurgau, außerdem Bacchus, Kerner, Weißburgunder. Ortenau: 26,5 ha; 40% Riesling, 30% Spätburgunder, 10% Müller-Thurgau, Traminer, Grauburgunder, Weißburgunder, Chardonnay. Der größte private Betrieb in Baden schöpft seit einigen Jahren sein Potential nicht mehr aus. In den achtziger Jahren gehörten die Weine sowohl vom Bodensee als auch vom seit einigen Jahren verpachteten Gut in der Ortenau zu den besseren Badens. Ausgebaut werden sie allesamt in Salem. Am nötigen Ehrgeiz fehlt es wohl mehr im Weinberg als im Keller.

Weingut Michel ★★–★★★
Winzerweg 24, 79235 Achkarren, (Kaiserstuhl),
Tel. 076 62 429, Fax 763

11 ha; 41% Spätburgunder, 26% Grauburgunder, 16% Weißburgunder, 12% Müller-Thurgau, außerdem Silvaner, Chardonnay. Bis 1983 lieferte Senior Walter Michel an die Genossenschaft, dann machte er sich mit Sohn Josef auf in die Selbstvermarktung. Zunächst wurden bevorzugt einfachere Weine für die eigene Straußwirtschaft erzeugt. Aber dann setzte der für den Keller verantwortliche Josef Michel seinen Ehrgeiz um. Bislang besonders überzeugend ist der Grauburgunder.

Weingut Nägelsförst ★–★★

76534 Baden-Baden-Varnhalt (Ortenau),
Tel. 072 21 355 50, Fax 35 55 56

25 ha; 48% Riesling, 19% Spätburgunder, 8% Müller-Thurgau, außerdem 6% Weißburgunder, Chardonnay, Bacchus. Vor einigen Jahren erwarb Unternehmer Reinhard J. Strickler das traditionsreiche Gut inmitten der Reben, investierte enorm in die Weinberge und die Kellerwirtschaft, konnte aber keine optimale Umsetzung erreichen. Mit dem im Sommer 1998 gekommenen, hochtalentierten neuen Kellermeister Martin Franzen (vorher Schlossgut Diel, Burg Layen/Nahe) sollte es schnell nach oben gehen.

Weingut Schloß Neuweier ★★–★★★

Mauerbergstraße 21, 76534 Neuweier (Ortenau), Tel. 072 23 966 70, Fax 608 64

10 ha; 85% Riesling, 12% Spätburgunder, außerdem Weißburgunder, Gewürztraminer. Traditionsreiches Gut (Ursprung 12. Jahrhundert) mit Höhen und Tiefen in seiner Geschichte. Als die Frankfurter Unternehmerin Gisela Joos 1992 übernahm, wurden endlich notwendige Investitionen getätigt. Seitdem ist vor allem der stahlige, nervige Riesling deutlich besser geworden.

Winzergenossenschaft Oberkirch ★–★★★

Renchener Straße 42, 77704 Oberkirch (Ortenau), Tel. 078 02 925 80, Fax 43 03

405 ha; 38% Spätburgunder, 25% Riesling, 24% Müller-Thurgau, 7% Grauburgunder, außerdem Traminer, Weißburgunder, Chardonnay, Cabernet Sauvignon. Emsige Genossenschaft, die ihre Stärke beim Spätburgunder hat. Gewann dreimal hintereinander von 1996 bis 1998 den Vinum-Rotweinpreis in der Kategorie der edelsüßen Weine mit Beeren-, bzw. Trockenbeerenauslesen.

Weingut Schloß Ortenberg ★★–★★★

Am St. Andreas 1, 77799 Ortenberg (Ortenau), Tel. 07 81 934 30, Fax 93 43 20

40 ha; je 25% Riesling, Spätburgunder, 20% Müller-Thurgau, je 6% Weißburgunder, Grauburgunder, Chardonnay, Scheurebe, Sauvignon blanc. 1997 vereinten der Ortenaukreis und die Stadt Offenburg ihre jeweils kommunalen Betriebe zu einem Weingut unter der Leitung von Winfried Köninger, der zuvor schon das 8-ha-Gut des Landkreises geführt und einen ansehnlichen Standard erreicht hatte. Mit den zusätzlichen 32 ha des vormaligen Gutes St. Andreas-Hospital kommt er bestens zurecht und nützt zunehmend vorhandenes Potential.

Winzergenossenschaft Pfaffenweiler ★–★★★

Weinstraße 40, 79292 Pfaffenweiler (Markgräflerland), Tel. 076 64 979 60, Fax 979 644

108 ha; 31% Gutedel, 2% Spätburgunder, 20% Müller-Thurgau, außerdem Weißburgunder, Grauburgunder, Gewürztraminer.

Vor einigen Jahren war die relativ kleine Genossenschaft noch qualitativ unbedeutend. Mit dem neuen Geschäftsführer Stefan Männle, der zu Hause in Durbach den elterlichen Betrieb nicht übernehmen wollte, änderte sich alles schlagartig. In kurzer Zeit katapultierten sich die Pfaffenweiler in die deutsche Genossenschafts-Elite.

Weingut Salwey ★★–★★★★

Hauptstraße 2, 79235 Oberrotweil (Kaiserstuhl), Tel. 076 62 384, Fax 63 40

20 ha; 42% Spätburgunder, 25% Grauburgunder, je 8% Riesling, Silvaner, Weißburgunder, außerdem Müller-Thurgau, Muskateller, Gewürztraminer, Chardonnay.

Wolf-Dietrich Salwey ist sicher einer der besten Winzer in Baden. Der Naturfreund (umweltschonender Weinbau) liebt die kraftvollen Weine von der Burgunderfamilie, wobei die Weißweine meist mehr Finesse entwickeln. Die Spätburgunder brauchen viel Zeit. Auch in der hellroten Version als Weißherbst sind sie überzeugend. Tipp: die Brände sind exzellent.

Winzergenossenschaft Sasbach ★–★★

Jechtinger Straße 26, 79361 Sasbach (Kaiserstuhl), Tel. 076 42 903 10, Fax 90 31 50
Mitglied: Deutsches Barrique Forum.
101 ha; 45% Spätburgunder, 31% Müller-Thurgau, 11% Grauburgunder, 8% Weißburgunder, außerdem Riesling, Silvaner, Scheurebe, Gewürztraminer.
Die kleinere, familiär geführte Genossenschaft, ist besonders bekannt für ihren gehaltvollen Spätburgunder. Vor einigen Jahren gewann sie sogar gegen starke Konkurrenz den Vinum Rotweinpreis in dieser «Königsdiziplin».

Weingut Konrad Schlör ★–★★★

Martin-Schlör-Straße 22,
97877 Wertheim-Reicholzheim (Tauberfranken), Tel. 093 42 4976, Fax 093 42 69 59
4 ha; je 25% Silvaner, Riesling; außerdem Weißburgunder, Kerner, Müller-Thurgau, Bacchus, Spätburgunder, Schwarzriesling und Dornfelder.
Als Konrad Schlör 1982 mit einer Besenwirtschaft begann, verkaufte er noch an die örtliche Genossenschaft. Einige Jahre später machte er sich selbstständig und fällt seitdem mit betont herben Weinen in erdiger, fränkischer Stilrichtung positiv auf (können auch in Bocksbeutel abgefüllt werden). Hin und wieder reicht es für einen überdurchschnittlichen Roten. Tipp: der Sekt.

Privatweingut Schlumberger ★–★★★

Weinstraße 19, 79295 Laufen (Markgräflerland), Tel. 076 34 89 92, Fax 82 55

6,5 ha; 30% Gutedel, 25% Weißburgunder, 20% Spätburgunder, 6% Chardonnay, außerdem Riesling, Grauburgunder, Müller-Thurgau, Nobling, Auxerrois, Gewürztraminer.
Senior Hartmut Schlumberger war immer schon eine gute Adresse für korrekte Weine. Seit 1997 arbeitet Schwiegersohn Ulrich Bernhart aus dem Weingut Bernhart, Schweigen (Pfalz) im Keller mit. Er will vor allem mit Spätburgunder neue Akzente setzen.

Weingut Schneider ★★ ★★★

Königschaffhauser Straße 2, 79346 Endingen (Kaiserstuhl), Tel. 076 42 52 78, Fax 20 91

8,8 ha; 34% Spätburgunder, je 15% Müller-Thurgau, Ruländer (wird ganz bewusst so bezeichnet), 11% Riesling, außerdem Weißburgunder, Silvaner, Muskateller.
1981 nabelte sich Winzermeister Reinhold Schneider von der Genossenschaft ab und machte sich mit Gattin Cornelia selbstständig. Von Anfang an gab es bei ihm nur durchgegorene, oft säurebetonte Weine, obwohl er damit manchmal bei der Weinprüfung aneckte. Doch mit gutem Niveau setzte er sich durch.

Weingut Seeger ★★–★★★
Rohrbacher Straße 101, 69181 Leimen (Badische Bergstraße), Tel. 062 24 721 78, Fax 783 63

Mitglied: Deutsches Barrique Forum. 6,5 ha; 20% Spätburgunder, 18% Riesling, 15% Weißburgunder, 12% Müller-Thurgau, je 10% Grauburgunder, Portugieser, Lemberger, 5% Schwarzriesling.
Die Familie bewirtschaftet das Gut seit 1707, aber erst Ende der achtziger Jahre wurde der Name bekannter. Damals übernahm Junior Thomas Seeger die Verantwortung im Keller. Er machte mit gekonnt in Barriques ausgebauten Rotweinen auf sich aufmerksam, belegte mehrfach Spitzenplätze beim Vinum-Rotweinpreis. Zuletzt wurden auch die Weißweine deutlich besser.

Staatsweingut Freiburg und Blankenhornsberg ★
Merzhauser Straße 119, 79100 Freiburg (Breisgau), Tel. 07 61 40 16 50, Fax 401 65 70

35 ha; 20% Spätburgunder, 18% Riesling, 17% Müller-Thurgau, 16% Weißburgunder, 8% Grauburgunder, außerdem Chardonnay, Gewürztraminer, Muskateller, Muskat-Ottonel.
Das Staatsgut bestand bis 1997 aus zwei Betriebsteilen des Staatlichen Weinbauinstituts in Freiburg, ehe es zur Zusammenlegung und Umbenennung kam. Der traditionelle Teil ist das vormalige Versuchs- und Lehrgut Blankenhornsberg am Kaiserstuhl, das seinen Ursprung in einer Versuchsstation hat, die 1872 vom badischen Weinwissenschaftler Prof. Dr. Adolph Blankenhorn errichtet wurde. Qualität: In den letzten Jahren meist nur durchschnittlich.

Weingut Stigler ★★–★★★
Bachenstraße 29, 79241 Ihringen (Kaiserstuhl), Tel. 076 68 297, Fax 941 20
Mitglied: VDP. 7,9 ha; 36% Spätburgunder, 24% Riesling, 11% Weißburgunder, je 9% Müller-Thurgau, Silvaner, außerdem Grauburgunder, Traminer, Chardonnay.
Senior Rudolf Stigler brachte den Betrieb nach oben und legte eine gute Saat für den ehrgeizigen Sohn Andreas und dessen Gattin Regina. Beste Basis sind 6 ha Besitz in der Top-Lage Ihringer Winklerberg. Nach einem «Durchhänger» wieder auf gehobenem Niveau.

Tauberfränkische Winzergenossenschaft Beckstein ★–★★★
Weinstraße 30,
97922 Lauda-Königshofen (Tauberfranken), Tel. 093 43 50 00, Fax 52 77
269 ha; 50% Müller-Thurgau, 22% Schwarzriesling, 11% Kerner, je 5% Silvaner, Bacchus, außerdem Riesling, Weißburgunder, Spätburgunder, Zweigelt, Tauberschwarz.
1994 feierte die geographisch schon fast zu Franken gehörende Genossenschaft ihr 100jähriges Bestehen. Im idyllischen Taubertal ist Ehrgeiz zu Hause. Die Winzergenossenschaft hat ein großes Spektrum und überrascht dabei immer wieder mit ausgezeichneten Weinen. 1998 belegte sie mit einem Schwarzriesling einen 1. Platz beim Vinum-Rotweinpreis.

Badischer Winzerkeller ★–★★

Zum Kaiserstuhl 6, 79206 Breisach, Tel.
076 67 90 00, (Weine verschiedener Regionen)

3500 ha; Je 35% Müller-Thurgau, Spätburgunder, je 10% Grauburgunder, Gutedel, außerdem Weißburgunder, Riesling, Chardonnay, Gewürztraminer, Silvaner.
Die badische Groß-Kooperative ist das Dach für 45 vollabliefernde kleinere Regional-Genossenschaften und 44 teilabliefernde Betriebe sowie für 27 000 Weinbauern. Die Lagerkapazität liegt bei 120 Mio. Liter, jährlich werden 600 verschiedene Weine abgefüllt. Zu den größten Partien gehören die beiden qualitativ sehr ordentlichen Marken «Oberon» (Rot Rosé und Rivaner) und «Martin Schongauer» (Rot, Rosé, Grauburgunder, Weißburgunder).

Gräflich Wolff Metternich'sches Weingut ★–★★★

Grohl 4, 77770 Durbach (Ortenau),
Tel. 07 81 427 79, Fax 425 53
33 ha; 32% Riesling, 33% Spätburgunder, 10% Weißburgunder, 8% Traminer, 7% Müller-Thurgau, außerdem Grauburgunder, Chardonnay, Sauvignon blanc, Scheurebe
Nach dem Tod des früheren Eigentümers Graf Wolff Metternich wurde der Betrieb 1995 an die Familie Hurrle verkauft. Der langjährige Verwalter Ottmar Schilli machte noch zwei Jahre weiter und übergab dann an seinen Stellvertreter Josef Rohrer. Die früher exzellenten Weine sind in den letzten Jahren seltener geworden, das Potenzial wurde nicht mehr voll ausgeschöpft. Spezialität: Der schon früh im 19. Jahrhundert aus Bordeaux eingeführte Sauvignon blanc, von dem es jählich nur einige hundert Flaschen mit hochwertigem Inhalt gibt.

Weingut Zähringer ★–★★★

Hauptstraße 42, 79423 Heitersheim (Markgräflerland), Tel. 076 34 10 25, Fax 10 27

40 ha (9 ha Eigenbesitz); 32% Gutedel, 22% Müller-Thurgau, 25% Spätburgunder, 8% Ruländer, außerdem Weißburgunder, Gewürztraminer, Nobling. Mitglied: Ecovin
Inhaber Wolfgang Zähringer macht gern «verrückte Sachen» bis hin zu hochgradigen Burgunderweinen im Barrique-Ausbau. Auf der eigenen Fläche wird ökologischer Weinbau betrieben, bei der angeschlossenen Erzeugergemeinschaft nur auf einem Teil der Fläche.

Weingut Hanspeter Ziereisen ★–★★

Markgrafenstraße 17, 79588 Efringen-Kirchen (Markgräflerland), Tel. 076 28 28 48

7 ha; 40% Gutedel, 40% Spätburgunder, je 9% Weißburgunder, Grauburgunder, etwas Regent, Riesling, Gewürztraminer
Der junge Hanspeter Ziereisen wagte 1991 mit damals lediglich 0,6 ha den Schritt in die Selbstvermarktung. Inzwischen ist die Fläche zehnmal so groß. Und der junge Alemanne hat Erfolg mit schnörkellosen, betont herben Weinen.

Die Vinoteca-Empfehlungen

Hier sind einige Beispiele von Weinen aus allen Preislagen und Kategorien, die sich durch zuverlässige Qualität und Preiswertigkeit auszeichnen. Sie werden in größeren Mengen erzeugt, sodass die Chancen gut stehen, sie bei den angegebenen Bezugsquellen zu finden. Für Verfügbarkeit und Preisangaben kann allerdings keine Garantie übernommen werden. Die Qualität kann je nach Jahrgang leicht schwanken, die Preise können je nach Verkaufsort variieren.

Weinname	Weincharakter	Qualität	Preise	Lagerfähigkeit	Beispiele zum Essen
Grauburgunder Kabinett trocken Gebrüder Bercher (Seite 60)	kräftig, würzig, guter Nachhall	★★–★★★	❶–❷	1–5 Jahre frisch und anregend Fisch	Vorspeisen, Nudelgerichte, gegrillter
Müller-Thurgau Kabinett Winzergenossenschaft Ehrenstetten (Seite 62)	süffig, unkompliziert, dezente Süße	★	❶	jung trinken, baut nach 3 Jahren ab	Wurstwaren, exotische Speisen
Weißburgunder Kabinett trocken, Weingut Schlumberger (Seite 68)	schlank, würzig, schönes Säurespiel	★★	❷	1–4 Jahre, in guter Form	Kalbsbries, Nudelgerichte, Spätzle
Gutedel Qualitätswein Trocken, Weingut Blankenhorn (Seite 61)	nussiges Aroma weich, feinwürzig	★★	❶	in den ersten beiden Jahren nach der Ernte trinken	Spargel, gebackener Fisch
Riesling Kabinett Trocken Weingut Stigler (Seite 69)	zarter Pfirsichduft, saftig, guter Säureschliff	★★	❷	2 Jahre Zeit lassen, bis 8 Jahre in guter Form	Salate, Vorspeisen, Kutteln
Gewürztraminer Spätlese trocken Winzergenossenschaft Durbach (Seite 61)	zarter Rosenduft, füllig, elegant	★★–★★★	❷	jung ein Genuss, aber auch nach 8–10 Jahren noch fein	Teigwaren, gebackene Leber, Gerichte mit sahniger Sauce
Badisch Rotgold Qualitätswein, Badischer Winzerkeller (Seite 70)	hellrot, süffig, leichte Süße	★	❶	jung trinken, baut nach 3 Jahren ab	Vesper, milder Käse, Nudelgerichte
Spätburgunder Qualitätswein Weißherbst trocken Weingut Salwey (Seite 67)	kräftig, feinwürzig, komplex	★★–★★★	❷	nach 1 Jahr angenehm, bis 5 Jahre voll im Saft	Nudelgerichte, Kalbshaxen, gegrillte Leber, Huhn
Spätburgunder Spätlese trocken Dr. Heger (Seite 62)	duftet nach Johannisbeere, und Vanille, elegant, saftig	★★★	❹	nicht vor 3 Jahren öffnen, 10 Jahre in Bestform	für besondere Anlässe, zu Festbraten, Gans, Wild
Rotwein-Cuvée Qualitätswein Weingut Seeger (Seite 69)	Zedernholzduft, kräftig, merkliche Holznote, reife Tannine	★★★	❸	ab dem 3. Jahr allmählich zugänglich, hält sicher 10 Jahre	würzige Fleischgerichte, Wild, Teigwaren mit kräftiger Sauce

Gut einkaufen

IN BADEN SELBST

Beim Weinerzeuger
An der Quelle selbst macht das Weinkaufen sicher am meisten Spaß. Sie können vor Ort degustieren und diskutieren, in kleineren Weingütern meist mit dem Inhaber oder Kellermeister persönlich. Sie dürfen sich in den Rebbergen und im Keller umsehen und erhalten so einen guten Eindruck des Betriebes.
In Baden ist der Direktkauf praktisch bei allen Erzeugern möglich. Die Güter sind sogar daran interessiert, denn sie können dabei die Marge der Wiederverkäufer teilweise in die eigene Kasse leiten. Das heißt aber auch, dass die Preise, zumindest bei renommierten Gütern, nicht automatisch viel tiefer sind als auf dem Markt.

Auf Veranstaltungen
Mitte März: Tuniberg-Weinmesse in Tiengen
Um den 20. März: Chasslie-Präsentation in Ehrenstetten
Mitte April: Gutedel-Cup und Müllheimer Weinmarkt in Müllheim (Markgräflerland)
Anfang Mai: Badische Weinmesse in Offenburg
Mitte Mai: Markgräfler Gutedeltag
Laufener Sonntag im Markgräflerland
Anfang Juli: Freiburger Weintage
Mitte Juli: Sektfestival in Efringen-Kirchen
Ende Oktober: Markgräfler Sektmarkt in Müllheim
Ende Oktober/Anfang November: Baden-Württemberg Classics (gemeinsam mit Produzenten des Anbaugebietes Württemberg) wechselnd in einer deutschen Großstadt außerhalb Badens.
Anfang Dezember: Weinbörse der Winzergenossenschaft Ehrenstetten.

Beim Kauf im Weingebiet beachten
Denken Sie daran, dass der Transport im Kofferraum des Wagens, der bei sommerlicher Hitze unglaublich heiß wird, dem Wein schaden kann. Führen Sie also Ihre kostbare Fracht nicht tage- oder gar wochenlang spazieren. Im (klimatisierten) Wageninnern sind die Verhältnisse klar besser.

IM WEINFACHHANDEL

Im Weinfachgeschäft
Fast jedes Fachgeschäft hat seine Favoriten oder seine Spezialgebiete. Im Gebiet selbst gibt es ambitionierte Händler. Außerhalb Badens sind die Gutsweine weniger präsent. Ideal ist natürlich, wenn Sie sich «Ihren» Weinhändler

Beurteilung der Einkaufsquellen

Einkaufsquelle	Auswahl	Preise	Verkostung	Beratung	Service
Weingut Erzeuger	minimal	normal	ideal	sehr gut	gut
Weinfachhandel	optimal auch im oberen Bereich	eher hoch	gut bis sehr gut möglich	gut bis sehr gut	sehr kulant
Weinversender	gut bis sehr gut	eher hoch	nur über Probebestellung	gut	sehr kulant
Verbrauchermarkt	sehr gut im untern Preisbereich	günstig	kaum möglich ausser bei Aktionen	minimal	minimal
Messen	sehr unterschiedlich, je nach Messe	normal	in der Regel gut möglich	normal bis sehr gut	normal

aufbauen und einen Fachmann zur Hand haben, dem Sie vertrauen. Als Stammkunde wird er Sie bevorzugt behandeln, er wird sich Zeit zum Fachsimpeln nehmen und Ihnen wertvolle Tipps vermitteln können, besonders wenn er, was meistens der Fall ist, seine Lieferanten persönlich kennt.

Beim Weinversender
Das Angebot badischer Weine über den Weinversand ist nicht sehr groß. Mittels Schnupperpakete oder Angebote ist es manchmal möglich, sich zu einem Vorzugspreis einzelne Probierflaschen zustellen zu lassen.

Auf Weinmessen
Für viele Leute sind sie Anlass, zu einigen Gratis-Gläschen zu kommen. Doch aufgepasst: Im Rummel und vor allem in leicht beschwipstem Zustand hat schon mancher Trinker seinen Kauf nachher bereut. Wenn an einer Messe aber in Ruhe verkostet und verglichen und mit dem Aussteller ein vernünftiges Wort gewechselt werden kann, so ist diese Einkaufsquelle durchaus empfehlenswert.

IM LEBENSMITTELHANDEL

In den Supermärkten hat der Wein einen wichtigen Stellenwert und manche der Ladenketten haben sehr erfahrene und gewiefte Einkäufer. Durch die Einkaufsmengen können sie besonders im unteren Preisbereich oft unglaublich günstige Angebot unterbreiten. Im Discount ist dies der Fall bei Aldi, in den Supermärkten Spar, Rewe, Kaiser's, Wertkauf und Eurospar. In den Weinregalen der Kaufhäuser Kaufhof, Karstadt, Hertie, Horten und besonders im Berliner KaDeWe entdecken Sie teilweise hervorragende Weine. Im Bereich um die zehn Mark und mit ausgezeichnetem Preis/Wert-Verhältnis sind Edeka, Tengelmann, Familia Nord oder Globus stark.

FRAGEN AN DEN VERKÄUFER

Über die generellen Punkte der badischen Weine, wie Weintypologie, Weinzonen oder Jahrgänge wissen Sie jetzt bestens Bescheid. Was Sie erfragen sollten, sind Einzelheiten und Eigenheiten eines Produzenten und seiner Weine.

- Zu den Traubensorten: Welche sind zu welchen Anteilen in diesem Wein enthalten, sofern dies nicht auf dem Etikett steht?
- Was ist spezifisch für das Terroir des Betriebs, für Kulturform und die Pflanzdichte der Reben?
- Zum Faktor Umwelt: Wie wird produziert: traditionell, integriert (IP/umweltverträglich) oder biologisch?
- Zur Ernte: Wurden die Trauben handgelesen oder maschinell geerntet?
- Zur Weinbereitung: Lassen Sie sich über Maischezeit und Vergärung informieren.
- Zum Ausbau: Wie lange war der Wein im Tank, im Holzfass oder in der Barrique?
- Zum Produzenten: Wie groß ist der Betrieb? Wie alt ist er? Welches ist er Werdegang des Winzers, hat er Berater (Önologen)?
- Zum Jahrgang: Gab es beim Erzeuger allfällige Besonderheiten in diesem Jahr?
- Zum Wein: Was sind die Charakteristiken und zu welchen Gerichten empfiehlt er sich?
- Zur Lagerfähigkeit: Wann ist die optimale Trinkreife erreicht. Wieviel Jahre kann er maximal gelagert werden?
- ★ Wieviel Flaschen wurden von diesem Wein abgefüllt?
- ★ Zu Auszeichnungen: Hat das Weingut oder der Wein irgendwelche Auszeichnungen erhalten oder Prämierungen gewonnen?

Detaillierte Informationen über den Einkauf von Wein finden Sie im Vinoteca-Band «Einkaufs-Guide Wein».

Klug einkellern: badische Weine

Auf diesen Seiten vermitteln wir Ihnen einige Anregungen und Ratschläge für den Einkauf badischer Weine und den Aufbau eines kleinen Vorrats oder gar einer badischen Abteilung in Ihrem Weinkeller.

Zur Einkaufsplanung
Am besten legen Sie sich einen Einkaufs- oder Einlagerungsplan zurecht. Anhand des kleinen Schemas unten können Sie Ihren Jahresbedarf an Flaschen und das erforderliche Budget abschätzen.

Kreuzen Sie bei jedem Punkt im Schema an, was für Sie zutrifft, und setzen Sie in der letzten Kolonne die über den Spalten genannten Punktzahlen ein:

	3	2	1	Punkte
Stellenwert von Baden	hoch	mittel	gering	
Eigene Lagermöglichkeiten	ideal	beschränkt	ungeeignet	
Weinkonsum pro Woche	mehr als 5 Fl.	bis 5 Flaschen	bis 2 Flaschen	
Total Punkte				

Aufgrund der Punktzahl haben wir Ihnen einige Vorschläge ausgearbeitet, die Sie natürlich noch ganz nach Ihren eigenen Vorlieben und Bedürfnissen variieren können.

8–9 Punkte
Sie sind ein ausgesprochener Weinfreak und lieben Baden. Für Sie kommt nur das Beste in Frage. Mit 1000 bis 1600 DM/500 bis 800 € müssen Sie rechnen. Unser Einkaufsvorschlag:
Alltagsweine, zum baldigen Konsum
24 Flaschen Graubrugunder ♀ DM 240,–
12 Flaschen Spätburgunder ♀ DM 150,–
Sonntagsweine, trinkreife Jahrgänge
12 Flaschen Riesling Spätlese ♀ DM 180,–
Lagerweine für große Gelegenheiten
12 Flaschen Riesling «Selection» ♀ DM 240,–
 6 Flaschen Top-Spätburgunder ♀ DM 200,–
 3 Flaschen edelsüße Auslese ♀ DM 120,–
 1 Flasche Beerenauslese ♀ DM 100,–
70 Flaschen total DM 1230,–

5–7 Punkte
Sie haben viel übrig für Baden und deren Weine. Sie sollten einen schönen Querschnitt an Gewächsen im Vorrat haben. Rechnen Sie mit ca. 400 Mark
12 Flaschen Graubrugunder ♀ DM 120,–
 6 Flaschen Sonntagsweine ♀♀ DM 120,–
 6 Flaschen Lagerweine ♀♀ DM 150,–
24 Flaschen total DM 390,–

3–4 Punkte
Baden ist für Sie eine Weingegend unter vielen. Sie werden also einige ausgesuchte Flaschen bereithalten und wann immer Sie Lust auf badische Weine haben, eine davon entkorken. Rechnen Sie mit einer Investition von weniger als 200 Mark
 6 Flaschen Graubrugunder ♀ DM 60,–
 3 Flaschen Spätburgunder ♀ DM 45,–
 3 Flaschen Riesling Lagerwein ♀ DM 75,–
12 Flaschen total DM 180,–

Richtig servieren: badische Weine

Gläser machen Weine, sagt man nicht zu Unrecht. Ein einfacher Tropfen schmeckt besser in einem schönen Glas und ein kostbares Gewächs kommt in einem Kelch besser zur Geltung.

Gute Weingläser haben Tulpenform. Sie werden nur zu einem Drittel gefüllt, damit im sich verjüngenden Hohlraum oben das Bukett sammeln kann. Je komplexer und hochklassiger ein Wein ist, desto voluminöser sollte das Weinglas sein.

Hier sehen Sie drei gute Beispiele für badische Weine. Links ein stilvolles Glas für fruchtige, frische Weißweine. Ein zartes Bukett steigt aus einem schlanken Kelch besonders fein in die Nase. In der Mitte ein einfaches, aber zweckmäßiges Glas für einfache Weine des Alltags. Rechts ein voluminöses Rotweinglas, das selbst dem feurigsten Burgunder des Kaiserstuhls gerecht wird. Ehre wem Ehre gebührt!

Achten Sie auf die richtige Ausschank-Temperatur. Die Tabelle unten gibt Auskunft. Zu kühl ist in jedem Fall besser als zu warm. Bei Zimmertemperatur, die ja meist über 20 Grad liegt, erwärmen sich die Weine im Glas rasch und die Trinktemperatur steigt schnell um einige Grade an.

8–10°	Weißweine
10–12°	Weißherbst, Rosé, Badisch Rotgold
12–14°	einfache Rotweine
14–16°	gehaltvolle Rotweine
16–18°	wuchtige Rotweine

Dieser schlanke Kelch ist ein gutes Weißweinglas.

Ein einfacher Glastyp für einfache Weiß- und Rotweine.

Dieser voluminöser Kelch wird edlen Rotweinen gerecht.

B A D E N

B E Z U G S Q U E L L E N

Weinfach-und Weinversandgeschäfte mit gutem Baden-Sortiment

88162 Augsburg, H. Dornberger –
Tel. (08 21) 48 89 16, Fax 48 57 27
88339 Bad Waldsee, Klingele OHG
Tel. (0 75 24) 9 72 80, Fax 20 50
10585 Berlin, Markgräfler Weinhandlung
Tel. (0 30) 3 41 90 79
53227 Bonn, Weinhaus Buchner
Tel. (0 22 81) 44 32 50, Fax 4 10 02 71
28195 Bremen, Bremer Ratskeller
Tel. (04 21) 33 77 88, Fax 3 37 78 78
40589 Düsseldorf, Ernst Mühlensiepen
Tel. (02 11) 9 89 70, Fax 9 89 71 28
76344 Eggenstein/Leopoldshafen,
Vinothek Melter
Tel. (07 21) 78 78 80, Fax 70 42 97
89275 Elchingen, Elchinger Weinkeller
Tel. (0 73 08) 20 40, Fax 4 23 98
79089 Freiburg, Weinfachgeschäft
Thomas Daiber
Tel./Fax (07 61) 3 43 41
79104 Freiburg, Weinhandlung Drexler
Tel. (07 61) 3 39 23, Fax 2 46 36
79104 Freiburg, Wein und Käse Langer
Tel. (07 61)3 56 04, Fax 2 92 22 36
82256 Fürstenfeldbruck, Vinum No. 7
Tel. (0 81 41) 4 24 74, Fax 46 60
82467 Garmisch Partenkirchen,
Weinhaus Fritz Kraus
Tel. (0 88 21) 5 12 92, Fax 27 66
30171 Hannover, Hildebrandt GmbH & Co. KG
Tel. (05 11) 88 88 88, Fax 88 84 97
78138 Hüfingen, Weinhaus Baum GmbH
Tel. (07 71) 9 22 30, Fax 6 43 86
76138 Karlsruhe, Karlsruher Vinothek
Tel. (07 21) 68 99 44, Fax 9 68 34 18
24107 Kiel, Weinhaus Warter
Tel. (04 31) 31 30 11, Fax 31 17 70
50667 Köln, Weinhaus Baden
Tel./Fax (02 21) 2 58 01 78
50667 Köln, Weinstrasse Adolf GmbH
Tel. (02 21) 312413, Fax 31 24 15
78462 Konstanz, Weinmarkt an der Laube –
Bernhard Ellegast
Tel. (0 75 31) 2 21 31, Fax 38 15
78465 Konstanz-Litzelstetten
Tel. (0 75 31) 94 37 70, Fax 4 32 33
88131 Lindau / Bodensee,
Lammers & Lammers OHG
Tel. (0 83 82) 9 33 70, Fax 9 33 74
88709 Meersburg, Georg Hack –
Haus der guten Weine
Tel. (0 75 32) 90 97, Fax 90 99
80335 München, Geisel's Vinothek
Tel. (089) 55 13 71 40, Fax 55 13 71 21
80538 München, Sabitzer Weinhandlung
Tel. (0 89) 21 93 90 34, Fax 21 93 90 36
48161 Münster, Badisches Weinkontor
Tel./Fax (02 51) 862866
78333 Stockach, Richard Zimmermann
Weinfachgeschäft
Tel. (0 77 71) 37 20, Fax 6 26 67
89073 Ulm, Weinforum Manfred Böhm,
Tel. (07 31) 2 77 72, Fax 2 78 60
85716 Unterschleißheim/Lohnhof,
Weinhandlung Peter Graf
Tel./Fax (0 89) 3 10 26 42

Lebensmittelhandel mit gutem Baden-Angebot: Globus, Dohle/Hit, Karstadt/Hertie, KaDeWe, Kaufhof Galeria, Wertkauf, Handelshof, Famila/ citti, Real, Ratio Cash & Carry, AVA/Edeka mit Marktkauf und dixi.
Gut in Preis und Leistung unter 10,– DM:
Aldi, penny, hl und minimal.
Schweiz: Coop, Pick-Pay, vis-à-vis, Familia

Weitere Bezugsquellen finden Sie im Internet unter der Adresse: www.vinoteca.falken.de

INFORMATIONEN

Haus der Badischen Weine
Münsterplatz 38
79098 Freiburg
Tel. (07 61) 20 28 70, Fax 2 02 87 13

Badischer Weinbauverband
Merzhauser Straße 115
Tel. (07 61) 45 91 00, Fax 40 80 26

Weinwerbezentrale badischer
Winzergenossenschaften
Keßlerstraße 5
76185 Karlsruhe
Tel (07 21) 55 70 28, Fax 55 70 20

WEINWANDERWEGE

Bodensee:
Weinwanderung: Meersburg–Hagnau–Schloss Kirchberg
Markgräflerland:
Weinlehrpfade: Auggen; Batzenberg; Efringen-Kirchen; Müllheim–Britzingen; Schliengen
Kaiserstuhl–Tuniberg:
Weinlehrpfade: Bahlingen; Eichstetten; Freiburg–Munzingen; Sasbach–Jechtingen; Vogtsburg–Achkarren; Vogtsburg–Bickensohl; Vogtsburg–Bischoffingen; Vogtsburg–Burkheim; Vogtsburg–Oberbergen; Vogtsburg–Oberrotweil
Breisgau:
Weinlehrpfade: Ettenheim–Münchweier; Kenzingen–Nordweil
Ortenau:
Weinlehrpfade: Bühlertal; Ortenberg; Offenburg–Rammersweier; Oberkirch; Varnhalt
Kraichgau:
Weinlehrpfade: Weingarten; Hemsbach; Kürnbach; Tiefenbach
Tauberfranken:
Weinlehrpfade: Lauda–Königshofen–Beckstein; Lauda–Königshofen–Gerlachsheim

RESTAURANTS

Bodensee und Singen:
Hotel Adler, 88085 Langenargen
Tel. (0 75 43) 30 90
Kleines Hotel zwischen Lindau und Friedrichshafen mit ausgezeichneter Weinkarte.
Hoyerberg Schlössle, 88131 Lindau-Hoyren
Tel. (0 83 82) 2 52 95
Klassische deutsch-französische Küche; atemberaubende Aussicht auf den See.

Markgräflerland:
Zum Adler, 79576 Weil am Rhein
Tel. (0 76 21) 7 50 55
Leichte, raffinierte Küche zu gemässigten Preisen

Kaiserstuhl und Tuniberg:
Hotel-Restaurant Stube, 79346 Kiechlinsbergen
Tel. (0 76 42) 17 86
Leichte, klassische Küche und gute Weinkarte.

Freiburg im Breisgau:
Hotel-Restaurant Colombi
Restaurant Hans-Thoma-Stube, 79098 Freiburg
Tel. (07 61) 2 10 60
Hervorragende internationale Küche
(im Colombi) und köstliche regionale Gerichte
(in der Hans-Thoma-Stube).
Hotel-Restaurant Markgräfler Hof,
79098 Freiburg
Tel. (07 61) 3 25 40
Kreative internationale Küche mit lokalen Zutaten. Die hervorragende Weinkarte lockt Kunden aus ganz Deutschland und darüber hinaus an.

Schwarzwald:
Hotel und Restaurant Bareiss,
722710 Baiersbronn-Mitteltal
Tel. (0 74 42) 4 70
Auch unter sportlichen Gesichtspunkten bestens ausgerüstetes Kurhotel mit ländlicher, aber qualitätvoller Küche.

I N D E X

Abril 60
Achkarren, Winzergenossenschaft 60
Aufricht 51, 60
Auslese 28, 56
Auxerrois 19, 38f.

Bacchus 19
Badische Bergstraße 20
Becker, Herbert 60
Beerenauslese 26, 56
Bercher 60
Bischoffingen, Winzergenossenschaft 61
Blankenhorn 61
Bodensee 20, 50f.
Breisgau 42f.
Britzingen, Winzergenossenschaft 61

Chaptalisierung s. Mostanreicherung
Chardonnay 19, 56
Christoph I. 9
Clevner s. Gewürztraminer
Consequence 61

Dörflinger, Hermann 61
Dunkelfelder 19
Durbach, Winzergenossenschaft 61f.

Ehrenfelser 18
Ehrenstetten, Winzergenossenschaft 62
Eiswein 26
Etikett 27

Franckenstein, Freiherr zu 62
Freisamer 19

Gallushof, Norbert & Gerda Hügle 62
Genossenschaften 10ff., 22
Gewürztraminer 19, 32, 35, 40f., 49
Gleichenstein, Freiherr zu 62
Goethe 40
Grauburgunder 17, 18f., 32, 38, 42f., 45, 47, 56
Grimmelshausen 40
Gutedel 17, 19, 32, 48f., 56

Hagenbucher, Thomas 62
Hansjakob, Heinrich 10f.
Heger, Dr. 63
Heinemann, Ernst 63

Hoensbroech, Reichsgraf zu 39, 63
Huber, Bernhard 63

Istein Schlossgut, Albert Soder 63f.

Jechtingen, Winzergenossenschaft 64
Johner 64
Juwel 18

Kabinett 26
Kaiserstuhl 9, 21, 34, 44f.
Kalkbödele 64
Kappelrodeck, Winzergenossenschaft 64
Karl Friedrich 9f.
Kerner 19, 32, 35, 56
Klingelberger s. Riesling
Königschaffhausen 65
Konstanzer 65
Kraichgau 20, 38f.

Lahr, Weingut der Stadt 65
Laible, Andreas 65
Lämmlin-Schindler 65
Landmann 47, 65f.
Landwein 26
Lemberger 19, 38f.

Männle, Heinrich 66
Markgräflerland 32, 48f.
Markgräflerland, Bezirkskellerei 66
Max Markgraf von Baden 51, 66
Merzling 19
Michel 66
Mostgewicht 26
Müllerrebe s. Schwarzriesling
Müller-Thurgau 18f., 32, 34f., 38f., 42f., 44f., 47, 51, 56
Muskateller 19, 56

Nägelsförst 66f.
Neuweier, Schloss 67
Nobling 19, 49

Oberkirch, Winzergenossenschaft 67
Ortenau 21, 40f.
Ortenberg, Schloss 67

Pfaffenweiler, Winzergenossenschaft 67
Portugieser 38

Qualitätswein 26

Rabaner 18
Riesling 10, 18f., 32, 36f., 40f., 56
Riesling x Silvaner s. Müller-Thurgau
Ruländer s. Grauburgunder

Sasbach, Winzergenossenschaft 68
Scheurebe 17, 19
Schlör, Konrad 68
Schlumberger 68
Schneider 68
Schwarzer Adler, Franz Keller 64
Schwarzriesling 19, 32f., 34f., 56
Seeger 68f.
Silvaner 19, 32, 36f., 44f., 56
Spätburgunder 18f., 28, 32, 37, 38f., 40f., 42f., 44f., 46f., 49, 51, 56
Spätlese 26
St. Laurent 38
Staatsweingut Freiburg und Blankenhornsberg 69
Stigler 69

Tafelwein 26
Tauberfranken 20, 32, 34f.
Tauberfränkische Winzergenossenschaft Beckstein 35, 69
Tauberschwarz 18, 34
Traminer s. Gewürztraminer
Trockenbeerenauslese 26
Tuniberg 46f.

VDP 13

Weißburgunder 18f., 32, 42f., 49, 50f.
Winzerkeller, Badischer 69
Wolff Metternich'sches Weingut 70

Zähringer 70
Ziereisen 70

BADEN

Im FALKEN Verlag sind zahlreiche Titel zum Thema «Wein» erschienen. Sie finden sie überall dort, wo es Bücher gibt.

Wir sind im Internet:
www.falken.de und www.vinoteca.falken.de

Dieses Buch wurde auf chlorfrei gebleichtem und säurefreiem Papier gedruckt.

Der Text dieses Buches entspricht den Regeln der neuen deutschen Rechtschreibung.

ISBN 3 8068 7441 7

© 1999 by FALKEN Verlag, 65527 Niedernhausen/Ts.
Die Verwertung der Texte und Bilder, auch auszugsweise, ist ohne Zustimmung des Verlags urheberrechtswidrig und strafbar. Dies gilt auch für Vervielfältigungen, Übersetzungen, Mikroverfilmung und für die Verarbeitung mit elektronischen Systemen.

Umschlaggestaltung: Peter Udo Pinzer
Gestaltungskonzept: Peter Jaray, Zürich
Konzept: Dr. Gerhard Kebbel
Redaktion: Barbara Fleig
Inhaltliche Bearbeitung: Stefan Keller, Zürich
Lektorat: Thomas Wieker. Idstein
Herstellung: Daniel Moosberger, Oensingen
Umschlagfoto: Fotografie Friedemann Rink / Susa Kleeberg, Naurod
Fotos und Illustrationen im Innenteil:
Vinum, das internationale Weinmagazin; Deutsche Wein-Information, Mainz (DWI/Dieth, DWI/Faber, DWI/Hartmann), Weinwerbezentrale badischer Winzergenossenschaften, Karlsruhe

Die Ratschläge in diesem Buch sind vom Autor und vom Verlag sorgfältig erwogen und geprüft, dennoch kann eine Garantie nicht übernommen werden. Eine Haftung des Autors bzw. des Verlags und seiner Beauftragten für Personen-, Sach- und Vermögensschäden ist ausgeschlossen.

Litho und Satz: Offset-Satz AG, Zürich
Druck: Druckerei Uhl, Radolfzell

817 2635 4453 6271